東亞民俗學稀見文獻彙編
第一輯

三國史記 下

三國史記 卷廿九～卷五十 金富軾撰
進三國史表 金富軾撰

韓國漢籍民俗叢書

第六冊

三國史記

卷廿九～卷五十

三國史記目錄

輸忠定難靖國贊化同德功臣開府儀同三司檢校太師守太保門下侍中判尙書吏禮部事集賢殿大學士監修國史上柱國致仕臣金富軾奉宣撰

三國史記卷第三

新羅本紀第三

三國史記卷第四

新羅本紀第四

三國史記卷第十八

高句麗本紀第六

三國史記卷第十九

高句麗本紀第七

三國史記卷第二十

三國史記卷第二十五

百濟本紀第三

三國史記卷第四十五

列傳第五

三國史記卷第四十六

列傳第六

三國史記卷第四十七

列傳第七

三國史記卷第四十八

列傳第八

三國史記卷第四十九

列傳第九

三國史記卷第五十

列傳第十

三國史記目錄

三國史記卷第二十九

輸忠定難靖國贊化同德功臣開府儀同三司檢校太師守太保門下侍中判尚書吏禮部事集賢殿太學士監修國史上柱國致仕臣金富軾奉
宣撰

年表上

海東有國家久矣。自箕子受封於周室。衛滿僭號於漢初。年代綿邈。文字疎略。固莫得而詳焉。至於三國鼎峙。則傳世尤多。新羅五十六王、九百九十二年。高句麗二十八王、七百五年。百濟三十一王、六百七十八年。其始終可得而考焉。作三國年表。唐賈言忠云。高麗自漢有國今九百年。誤也。

	中國	新羅	高句麗	百濟
甲子	前漢孝宣帝詢十七年五鳳元年	始祖朴赫居世居西干卽位元年從此至眞德爲聖骨		
乙丑	二	二		
丙寅	三	三		
丁卯	四	四		

戊辰	己巳	庚午	辛未	壬申	癸酉	甲戌	乙亥	丙子
甘露元年	二	三	四	黃龍元年	孝元帝奭初元元年	二	三	四
五	六	七	八	九	十	十一	十二	十三

丁丑	戊寅	己卯	庚辰	辛巳	壬午	癸未	甲申	乙酉
五	永光元年	二	三	四	五	建昭元年	二	三
十四	十五	十六	十七	十八	十九	二十	二十一	二十二
							始祖東明聖王姓高氏諱朱蒙即位元年	二

丙戌	丁亥	戊子	己丑	庚寅	辛卯	壬辰	癸巳	甲午
四	五	竟寧元年 成帝驁	建始元年	二	三	四	河平元年	二
二十三	二十四	二十五	二十六	二十七	二十八	二十九	三十	三十一
三	四	五	六	七	八	九	十	十一

乙未	丙申	丁酉	戊戌	己亥	庚子	辛丑	壬寅	癸卯
三	四	陽朔元年	二	三	四	鴻嘉元年	二	三
三十二	三十三	三十四	三十五	三十六	三十七	三十八	三十九	四十
十二	十三	十四	十五	十六	十七	十八	十九 東明王升遐 瑠璃明王類利卽位元年	二
								始祖溫祚王卽位元年

甲辰	乙巳	丙午	丁未	戊申	己酉	庚戌	辛亥	壬子	癸丑
四	永始元年	二	三	四	元延元年	二	三	四	綏和元年
四十一	四十二	四十三	四十四	四十五	四十六	四十七	四十八	四十九	五十
三	四	五	六	七	八	九	十	十一	十二
二	三	四	五	六	七	八	九	十	十一

甲寅	乙卯	丙辰	丁巳	戊午	己未	庚申	辛酉	壬戌	癸亥
二 孝哀帝欣	建平元年	二	三	四	元壽元年	二 孝平帝衎	元始元年	二	三
五十一	五十二	五十三	五十四	五十五	五十六	五十七	五十八	五十九	六十
十三	十四	十五	十六	十七	十八	十九	二十	二十一	二十二
十二	十三	十四	十五	十七	十七	十八	十九	二十	二十一

癸酉	壬申	辛未	庚午	己巳	戊辰	丁卯	丙寅	乙丑	甲子
五	四	三	二	新室始建國元年	三初始元年	二	孺子嬰王莽居攝元年	五	四
十	九	八	七	六	五	四	三	二	六十一始祖赫居世薨南解次雄即位元年
三十二	三十一	三十	二十九	二十八	二十七	二十六	二十五	二十四	二十三
三十一	三十	二十九	二十八	二十七	二十六	二十五	二十四	二十三	二十二

癸未	壬午	辛巳	庚辰	己卯	戊寅	丁丑	丙子	乙亥	甲戌
四劉聖公更始元年	三	二	地皇元年	六	五	四	三	二	天鳳元年
二十	十九	十八	十七	十六	十五	十四	十三	十二	十一
六	五	四	三	二	三十七瑠璃明王薨大武神王無恤即位元年	三十六	三十五	三十四	三十三
四十一	四十	三十九	三十八	三十七	三十六	三十五	三十四	三十三	三十二

甲申	乙酉	丙戌	丁亥	戊子	己丑	庚寅	辛卯	壬辰	癸巳
二	後漢光武帝秀建武元年	二	三	四	五	六	七	八	九
二十一南解次次雄薨儒理尼師今即位元年	二	三	四	五	六	七	八	九	十
七	八	九	十	十一	十二	十三	十四	十五	十六
四十二	四十三	四十四	四十五	四十六溫祚王薨多婁王即位元年	二	三	四	五	六

甲午	乙未	丙申	丁酉	戊戌	己亥	庚子	辛丑	壬寅	癸卯
十	十一	十二	十三	十四	十五	十六	十七	十八	十九
十一	十二	十三	十四	十五	十六	十七	十八	十九	二十
十七	十八	十九	二十	二十一	二十二	二十三	二十四	二十五	二十六
七	八	九	十	十一	十二	十三	十四	十五	十六

甲辰	乙巳	丙午	丁未	戊申	己酉	庚戌	辛亥	壬子	癸丑
二十	二十一	二十二	二十三	二十四	二十五	二十六	二十七	二十八	二十九
二十一	二十二	二十三	二十四	二十五	二十六	二十七	二十八	二十九	三十
二十七 大武神王薨 閔中王解色朱即位 元年	二	三	四	五 閔中王薨 慕本王解憂即位 元年	二	三	四	五	六 慕本王薨 國祖王宮即位 元年
十七	十八	十九	二十	二十一	二十二	二十三	二十四	二十五	二十六

甲寅	乙卯	丙辰	丁巳	戊午	己未	庚申	辛酉	壬戌	癸亥
三十	三十一	建武中元 元年	二 孝明帝莊	永平元年	二	三	四	五	六
三十一	三十二	三十三	三十四 儒理尼師今薨 脫解尼師今即位 元年	二	三	四	五	六	七
二	三	四	五	六	七	八	九	十	十一
二十七	二十八	二十九	三十	三十一	三十二	三十三	三十四	三十五	三十六

甲子	乙丑	丙寅	丁卯	戊辰	己巳	庚午	辛未	壬申	癸酉
七	八	九	十	十一	十二	十三	十四	十五	十六
八	九	十	十一	十二	十三	十四	十五	十六	十七
十二	十三	十四	十五	十六	十七	十八	十九	二十	二十一
三十七	三十八	三十九	四十	四十一	四十二	四十三	四十四	四十五	四十六

甲戌	乙亥	丙子	丁丑	戊寅	己卯	庚辰	辛巳	壬午	癸未
十七	十八 孝章皇帝炟	建初元年	二	三	四	五	六	七	八
十八	十九	二十	二十一	二十二	二十三	二十四 脫解尼師今薨 婆娑尼師今即位元年	二	三	四
二十二	二十三	二十四	二十五	二十六	二十七	二十八	二十九	三十	三十一
四十七	四十八	四十九	五十 多婁王薨 己婁王即位元年	二	三	四	五	六	七

甲申	元和元年	五	三十二	八
乙酉	二	六	三十三	九
丙戌	三	七	三十四	十
丁亥	章和元年	八	三十五	十一
戊子	二 孝和皇帝肇	九	三十六	十二
己丑	永元元年	十	三十七	十三
庚寅	二	十一	三十八	十四
辛卯	三	十二	三十九	十五
壬辰	四	十三	四十	十六
癸巳	五	十四	四十一	十七

甲午	六	十五	四十二	十八
乙未	七	十六	四十三	十九
丙申	八	十七	四十四	二十
丁酉	九	十八	四十五	二十一
戊戌	十	十九	四十六	二十二
己亥	十一	二十	四十七	二十三
庚子	十二	二十一	四十八	二十四
辛丑	十三	二十二	四十九	二十五
壬寅	十四	二十三	五十	二十六
癸卯	十五	二十四	五十一	二十七

甲辰	乙巳	丙午	丁未	戊申	己酉	庚戌	辛亥	壬子	癸丑
十六	元興元年 孝殤帝隆	延平元年 孝安帝祜	永初元年	二	三	四	五	六	七
二十五	二十六	二十七	二十八	二十九	三十	三十一	三十二	三十三 婆娑尼師今薨 祇摩尼師今即位元年	二
五十二	五十三	五十四	五十五	五十六	五十七	五十八	五十九	六十	六十一
二十八	二十九	三十	三十一	三十二	三十三	三十四	三十五	三十六	三十七

甲寅	乙卯	丙辰	丁巳	戊午	己未	庚申	辛酉	壬戌	癸亥
元初元年	二	三	四	五	六	永寧元年	建光元年	延光元年	二
三	四	五	六	七	八	九	十	十一	十二
六十二	六十三	六十四	六十五	六十六	六十七	六十八	六十九	七十	七十一
三十八	三十九	四十	四十一	四十二	四十三	四十四	四十五	四十六	四十七

甲子	乙丑	丙寅	丁卯	戊辰	己巳	庚午	辛未	壬申	癸酉
三	孝順帝保	永建元年	二	三	四	五	六	陽嘉元年	二
十三	十四	十五	十六	十七	十八	十九	二十	二十一	二十二
七十二	七十三	七十四	七十五	七十六	七十七	七十八	七十九	八十	八十一
四十八	四十九	五十	五十一	五十二 己婁王薨 蓋婁王即位、元年	二	三	四	五	六

甲戌	乙亥	丙子	丁丑	戊寅	己卯	庚辰	辛巳	壬午	癸未
三	四	永和元年	二	三	四	五	六	漢安元年	二
二十三 祇摩尼師今薨 逸聖尼師今即位 元年	二	三	四	五	六	七	八	九	十
八十二	八十三	八十四	八十五	八十六	八十七	八十八	八十九	九十	九十一
七	八	九	十	十一	十二	十三	十四	十五	十六

甲申	建康元年 孝沖帝炳	十一	九十二	十七
乙酉	永嘉元年 孝質帝纘	十二	九十三	十八
丙戌	本初元年 孝桓帝志	十三	九十四 國祖王遜位退居後宮 次大王遂成即位元年	十九
丁亥	建和元年	十四	二	二十
戊子	二	十五	三	二十一
己丑	三	十六	四	二十二
庚寅	和平元年	十七	五	二十三
辛卯	元嘉元年	十八	六	二十四
壬辰	二	十九	七	二十五
癸巳	永興元年	二十	八	二十六
甲午	二	二十一 逸聖尼師今薨 阿達羅尼師今即位元年	九	二十七
乙未	永壽元年	二	十	二十八
丙申	二	三	十一	二十九
丁酉	三	四	十二	三十
戊戌	延熹元年	五	十三	三十一
己亥	二	六	十四	三十二
庚子	三	七	十五	三十三
辛丑	四	八	十六	三十四
壬寅	五	九	十七	三十五
癸卯	六	十	十八	三十六

甲辰	乙巳	丙午	丁未	戊申	己酉	庚戌	辛亥	壬子	癸丑
七	八	九	永康元年	孝靈帝宏建寧元年	二	三	四	熹平元年	二
十一	十二	十三	十四	十五	十六	十七	十八	十九	二十
十九	二十國祖王三月薨次大王二月薨新大王伯固即位元年	二	三	四	五	六	七	八	九
三十七	三十八	三十九蓋婁王薨肖古王即位元年	二	三	四	五	六	七	八

甲寅	乙卯	丙辰	丁巳	戊午	己未	庚申	辛酉	壬戌	癸亥
三	四	五	六	光和元年	二	三	四	五	六
二十一	二十二	二十三	二十四	二十五	二十六	二十七	二十八	二十九	三十
十	十一	十二	十三	十四	十五新大王薨故國川王男武即位元年	二	三	四	五
九	十	十一	十二	十三	十四	十五	十六	十七	十八

甲子	中平元年	三十一 阿達羅尼師今薨 伐休尼師今即位、元年	六	十九
乙丑	二	二	七	二十
丙寅	三	三	八	二十一
丁卯	四	四	九	二十二
戊辰	五	五	十	二十三
己巳	六 洪農王辯立 改元光熹 又改元昭寧 獻帝協 改元永漢	六	十一	二十四
庚午	初平元年	七	十二	二十五
辛未	二	八	十三	二十六
壬申	三	九	十四	二十七
癸酉	四	十	十五	二十八

甲戌	興平元年	十一	十六	二十九
乙亥	二	十二	十七	三十
丙子	建安元年	十三 伐休尼師今薨 奈解尼師今即位 元年	十八	三十一
丁丑	二	二	十九 故國川王薨 山上王延優即位 元年	三十二
戊寅	三	三	二	三十三
己卯	四	四	三	三十四
庚辰	五	五	四	三十五
辛巳	六	六	五	三十六
壬午	七	七	六	三十七
癸未	八	八	七	三十八

	甲申	乙酉	丙戌	丁亥	戊子	己丑	庚寅	辛卯	壬辰	癸巳
	九	十	十一	十二	十三	十四	十五	十六	十七	十八
	九	十	十一	十二	十三	十四	十五	十六	十七	十八
	八	九	十	十一	十二	十三	十四	十五	十六	十七
	三十九	四十	四十一	四十二	四十三	四十四	四十五	四十六	四十七	四十八

	甲午	乙未	丙申	丁酉	戊戌	己亥	庚子	辛丑	壬寅	癸卯
	十九	二十	二十一	二十二	二十三	二十四	延康元年 魏文帝曹丕 黃初元年	二 蜀先主劉備即帝位於成都 建元章武	三 吳大帝孫權都武昌 建元黃武 自此三國分矣	四 蜀後主禪立 改元建興
	十九	二十	二十一	二十二	二十三	二十四	二十五	二十六	二十七	二十八
	十八	十九	二十	二十一	二十二	二十三	二十四	二十五	二十六	二十七
	四十九 肖古王薨 仇首王即位元年	二	三	四	五	六	七	八	九	十

甲辰	五	二十九	二十八	十一
乙巳	六	三十	二十九	十二
丙午	七 明帝睿	三十一	三十	十三
丁未	太和元年	三十二	三十一 山上王薨東川王憂位居即位元年	十四
戊申	二	三十三	二	十五
己酉	三 吳改元黃龍遷都建業	三十四	三	十六
庚戌	四	三十五 奈解尼師今薨助賁尼師今即位元年	四	十七
辛亥	五	二	五	十八
壬子	六 吳改元嘉禾	三	六	十九
癸丑	青龍元年	四	七	二十

甲寅	二	五	八	二十一 仇首王薨長子沙伴王即位而幼少見廢古尓王即位元年
乙卯	三	六	九	二
丙辰	四	七	十	三
丁巳	景初元年	八	十一	四
戊午	二 蜀改元延熙 吳改元赤烏	九	十二	五
己未	三 齊王芳	十	十三	六
庚申	正始元年	十一	十四	七
辛酉	二	十二	十五	八
壬戌	三	十三	十六	九
癸亥	四	十四	十七	十

甲子	乙丑	丙寅	丁卯	戊辰	己巳	庚午	辛未	壬申	癸酉
五	六	七	八	九	嘉平元年	二	三吳改元太元	四吳會稽王亮立改元建興	五
十五	十六	十七	十八助賁尼師今薨沾解尼師今即位元年	二	三	四	五	六	七
十八	十九	二十	二十一	二十二東川王薨中川王然弗即位元年	二	三	四	五	六
十一	十二	十三	十四	十五	十六	十七	十八	十九	二十

甲戌	乙亥	丙子	丁丑	戊寅	己卯	庚辰	辛巳	壬午	癸未
六高貴鄉公髦正元元年	二	甘露元年吳改元太平	二	三蜀改元景耀吳主休立改元永安	四	五陳留王奐景元元年	二	三	四蜀改元炎興十月降於魏蜀二主四十三年
八	九	十	十一	十二	十三	十四	十五沾解尼師今薨	味鄒尼師今即位元年	二
七	八	九	十	十一	十二	十三	十四	十五	十六
二十一	二十二	二十三	二十四	二十五	二十六	二十七	二十八	二十九	三十

甲申	咸熙元年 吳主孫皓立 改元元興	三	十七	三十一
乙酉	二 魏禪于晉 西晉世祖武皇帝 炎泰始元年	四	十八	三十二
丙戌	二 吳改元寶鼎	五	十九	三十三
丁亥	三	六	二十	三十四
戊子	四	七	二十一	三十五
己丑	五 吳改元建衡	八	二十二	三十六
庚寅	六	九	二十三 中川王薨 西川王藥盧即位 元年	三十七
辛卯	七	十	二	三十八
壬辰	八 吳改元鳳凰	十一	三	三十九
癸巳	九	十二	四	四十
甲午	十	十三	五	四十一

三國史記卷第二十九

三國史記卷第三十

輸忠定難靖國贊化同德功臣開府儀同三司檢校太師守太保門下侍中判尚書吏禮部事集賢殿大學士監修國史上柱國致仕臣金富軾奉宣撰

年表中

	西晉	味鄒尼師今	西川王	古尒王
乙未	咸寧元年 吳改元天冊	十四	六	四十二
丙申	二 吳改元天璽	十五	七	四十三
丁酉	三 吳改元天紀	十六	八	四十四
戊戌	四	十七	九	四十五
己亥	五	十八	十	四十六
庚子	太康元年 吳主降於晉吳四主五十九年	十九	十一	四十七
辛丑	二	二十	十二	四十八
壬寅	三	二十一	十三	四十九
癸卯	四	二十二	十四	五十

丑癸	子壬	亥辛	戌庚	酉己	申戊	未丁	午丙	巳乙	辰甲
三	二	永平元年元康元年	大熙元年孝惠帝衷永熙元年	十	九	八	七	六	五
十	九	八	七	六	五	四	三	二	二十三味鄒尼師今薨儒禮尼師今即位元年
二	二十三西川王薨烽上王相夫即位元年	二十二	二十一	二十	十九	十八	十七	十六	十五
八	七	六	五	四	三	二	五十三古尓王薨責稽王即位元年	五十二	五十一

亥癸	戌壬	酉辛	申庚	未己	午戊	巳丁	辰丙	卯乙	寅甲
二	太安元年	永寧元年	永康元年	九	八	七	六	五	四
六	五	四	三	二	十五儒禮尼師今薨基臨尼師今即位元年	十四	十三	十二	十一
四	三	二	九烽上王薨美川王乙弗即位元年	八	七	六	五	四	三
六	五	四	三	二	十三責稽王薨汾西王即位元年	十二	十一	十	九

甲子	乙丑	丙寅	丁卯	戊辰	己巳	庚午	辛未	壬申	癸酉
永安元年建武元年永興元年	二	光熙元年孝懷帝熾	永嘉元年	二	三	四	五	六	孝愍皇帝鄴建興元年
七	八	九	十	十一	十二	十三奈臨尼師今薨訖解尼師今即位元年	二	三	四
五	六	七	八	九	十	十一	十二	十三	十四
七汾西王薨比流王即位元年	二	三	四	五	六	七	八	九	十

甲戌	乙亥	丙子	丁丑	戊寅	己卯	庚辰	辛巳	壬午	癸未
二	三	四前趙劉曜陷長安愍帝明年爲劉聰所殺西晋四主五十二年	五東晋中宗元皇帝睿建武元年	太興元年	二	三	四	永昌元年	肅宗皇帝紹太寧元年
五	六	七	八	九	十	十一	十二	十三	十四
十五	十六	十七	十八	十九	二十	二十一	二十二	二十三	二十四
十一	十二	十三	十四	十五	十六	十七	十八	十九	二十

甲申	乙酉	丙戌	丁亥	戊子	己丑	庚寅	辛卯	壬辰	癸巳
二	三 顯宗皇帝衍	咸和元年	二	三	四	五	六	七	八
十五	十六	十七	十八	十九	二十	二十一	二十二	二十三	二十四
二十五	二十六	二十七	二十八	二十九	三十	三十一	三十二 美川王薨 故國原王斯由即位元年	二	三
二十一	二十二	二十三	二十四	二十五	二十六	二十七	二十八	二十九	三十

甲午	乙未	丙申	丁酉	戊戌	己亥	庚子	辛丑	壬寅	癸卯
九	咸康元年	二	三	四	五	六	七	八 康皇帝岳	建元元年
二十五	二十六	二十七	二十八	二十九	三十	三十一	三十二	三十三	三十四
四	五	六	七	八	九	十	十一	十二	十三
三十一	三十二	三十三	三十四	三十五	三十六	三十七	三十八	三十九	四十

甲辰	二 孝宗穆皇帝	三十五	十四	四十一 比流王薨 契王即位 元年
乙巳	永和元年	三十六	十五	二
丙午	二	三十七	十六	三 契王薨 近肖古王即位 元年
丁未	三	三十八	十七	二
戊申	四	三十九	十八	三
己酉	五	四十	十九	四
庚戌	六	四十一	二十	五
辛亥	七	四十二	二十一	六
壬子	八	四十三	二十二	七
癸丑	九	四十四	二十三	八
甲寅	十	四十五	二十四	九
乙卯	十一	四十六	二十五	十
丙辰	十二	四十七 訖解尼師今薨 奈勿尼師今即位 元年	二十六	十一
丁巳	升平元年	二	二十七	十二
戊午	二	三	二十八	十三
己未	三	四	二十九	十四
庚申	四	五	三十	十五
辛酉	五 哀皇帝丕	六	三十一	十六
壬戌	隆和元年	七	三十二	十七
癸亥	興寧元年	八	三十三	十八

甲子	二	九	三十四	十九
乙丑	三 廢帝海西公	十	三十五	二十
丙寅	太和元年	十一	三十六	二十一
丁卯	二	十二	三十七	二十二
戊辰	三	十三	三十八	二十三
己巳	四	十四	三十九	二十四
庚午	五	十五	四十	二十五
辛未	簡文皇帝咸安元年	十六	四十一 故國原王薨 小獸林王丘夫即位元年	二十六
壬申	二 孝武皇帝曜	十七	二	二十七
癸酉	寧康元年	十八	三	二十八
甲戌	二	十九	四	二十九
乙亥	三	二十	五	三十 近肖古王薨 近仇首王即位元年
丙子	大元元年	二十一	六	二
丁丑	二	二十二	七	三
戊寅	三	二十三	八	四
己卯	四	二十四	九	五
庚辰	五	二十五	十	六
辛巳	六	二十六	十一	七
壬午	七	二十七	十二	八
癸未	八	二十八	十三	九

甲申	乙酉	丙戌	丁亥	戊子	己丑	庚寅	辛卯	壬辰	癸巳
九	十	十一	十二	十三	十四	十五	十六	十七	十八
二十九	三十	三十一	三十二	三十三	三十四	三十五	三十六	三十七	三十八
十四 小獸林王薨 故國壤王伊連即位元年	二	三	四	五	六	七	八	九 故國壤王薨 廣開土王談德即位元年	二
十 近仇首王薨 枕流王即位元年	二 枕流王薨 辰斯王即位元年	二	三	四	五	六	七	八 辰斯王薨 阿莘王即位元年	二

甲午	乙未	丙申	丁酉	戊戌	己亥	庚子	辛丑	壬寅	癸卯
十九	二十	二十一 諱德宗 安皇帝	隆安元年	二	三	四	五	元興元年	二
三十九	四十	四十一	四十二	四十三	四十四	四十五	四十六	四十七 奈勿尼師今薨 實聖尼師今即位元年	二
三	四	五	六	七	八	九	十	十一	十二
三	四	五	六	七	八	九	十	十一	十二

甲辰	乙巳	丙午	丁未	戊申	己酉	庚戌	辛亥	壬子	癸丑
三	義熙元年	二	三	四	五	六	七	八	九
三	四	五	六	七	八	九	十	十一	十二
十三	十四	十五	十六	十七	十八	十九	二十	二十一	二十二 開土王薨 長壽王巨連即位 元年
十三	十四 阿莘王薨 腆支王即位 元年	二	三	四	五	六	七	八	九

甲寅	乙卯	丙辰	丁巳	戊午	己未	庚申	辛酉	壬戌	癸亥
十	十一	十二	十三	十四 恭帝德文	元熙元年 禪於宋東晉十二主百四年 西秦改元建弘	宋高祖武帝 劉裕 永初元年	二	三 少帝義符	景平元年
十三	十四	十五	十六 實聖尼師今薨 訥祇麻立干即位 元年	二	三	四	五	六	七
二	三	四	五	六	七	八	九	十	十一
十	十一	十二	十三	十四	十五	十六 腆支王薨 久尔辛王即位 元年	二	三	四

甲子	乙丑	丙寅	丁卯	戊辰	己巳	庚午	辛未	壬申	癸酉
二 太宗文皇帝義隆元嘉元年	二	三	四	五	六	七	八	九	十
八	九	十	十一	十二	十三	十四	十五	十六	十七
十二	十三	十四	十五	十六	十七	十八	十九	二十	二十一
五	六	七	八 久尓辛王薨 毗有王即位 元年	二	三	四	五	六	七

甲戌	乙亥	丙子	丁丑	戊寅	己卯	庚辰	辛巳	壬午	癸未
十一	十二	十三	十四	十五	十六	十七	十八	十九	二十
十八	十九	二十	二十一	二十二	二十三	二十四	二十五	二十六	二十七
二十二	二十三	二十四	二十五	二十六	二十七	二十八	二十九	三十	三十一
八	九	十	十一	十二	十三	十四	十五	十六	十七

甲申	乙酉	丙戌	丁亥	戊子	己丑	庚寅	辛卯	壬辰	癸巳
二十一	二十二	二十三	二十四	二十五	二十六	二十七	二十八	二十九	三十 元凶劭大初元年 世祖孝武皇帝駿
二十八	二十九	三十	三十一	三十二	三十三	三十四	三十五	三十六	三十七
三十二	三十三	三十四	三十五	三十六	三十七	三十八	三十九	四十	四十一
十八	十九	二十	二十一	二十二	二十三	二十四	二十五	二十六	二十七

甲午	乙未	丙申	丁酉	戊戌	己亥	庚子	辛丑	壬寅	癸卯
孝建元年	二	三	大明元年	二	三	四	五	六	七
三十八	三十九	四十	四十一	四十二 訥祇麻立干薨 慈悲麻立干即位 元年	二	三	四	五	六
四十二	四十三	四十四	四十五	四十六	四十七	四十八	四十九	五十	五十一
二十八	二十九 毗有王薨 蓋鹵王慶司即位 元年	二	三	四	五	六	七	八	九

甲辰	八 前廢帝子業	七	五十二	十
乙巳	永光元年 景和元年 太宗明皇帝彧 泰始元年	八	五十三	十一
丙午	二	九	五十四	十二
丁未	三	十	五十五	十三
戊申	四	十一	五十六	十四
己酉	五	十二	五十七	十五
庚戌	六	十三	五十八	十六
辛亥	七	十四	五十九	十七
壬子	泰豫元年 後廢帝昱	十五	六十	十八
癸丑	元徽元年	十六	六十一	十九

甲寅	二	十七	六十二	二十
乙卯	三	十八	六十三	二十一 蓋鹵王薨 文周王即位 元年
丙辰	四	十九	六十四	二
丁巳	五 順皇帝準 昇明元年	二十	六十五	三 文周王薨 三斤王即位 元年
戊午	二	二十一	六十六	二
己未	三 南齊太祖高皇帝道成 建元元年	二十二 慈悲麻立干薨 炤知麻立干即位 元年	六十七	三 三斤王薨 東城王牟大即位 元年
庚申	二	二	六十八	二
辛酉	三	三	六十九	三
壬戌	四 世祖武皇帝賾	四	七十	四
癸亥	永明元年	五	七十一	五

甲子	乙丑	丙寅	丁卯	戊辰	己巳	庚午	辛未	壬申	癸酉
二	三	四	五	六	七	八	九	十	十一 廢帝鬱林王
六	七	八	九	十	十一	十二	十三	十四	十五
七十二	七十三	七十四	七十五	七十六	七十七	七十八	七十九 長壽王薨	文咨明王羅雲即位元年	二
六	七	八	九	十	十一	十二	十三	十四	十五

甲戌	乙亥	丙子	丁丑	戊寅	己卯	庚辰	辛巳	壬午	癸未
隆昌元年・廢帝海陵王昭文延興元年 高宗明皇帝鸞建武元年	二	三	四	永泰元年 廢帝	永元元年	二	三 和帝寶融中興元年	二 梁高祖武皇帝衍天監元年	二
十六	十七	十八	十九	二十	二十一	二十二 炤知麻立干薨 智證麻立干即位元年	二	三	四
三	四	五	六	七	八	九	十	十一	十二
十六	十七	十八	十九	二十	二十一	二十二	二十三 東城王薨 武寧王斯摩即位元年	二	三

甲申	乙酉	丙戌	丁亥	戊子	己丑	庚寅	辛卯	壬辰	癸巳
三	四	五	六	七	八	九	十	十一	十二
五	六	七	八	九	十	十一	十二	十三	十四
十三	十四	十五	十六	十七	十八	十九	二十	二十一	二十二
四	五	六	七	八	九	十	十一	十二	十三

甲午	乙未	丙申	丁酉	戊戌	己亥	庚子	辛丑	壬寅	癸卯
十三	十四	十五	十六	十七	十八	普通元年	二	三	四
十五智證麻立干薨法興王原宗即位元年	二	三	四	五	六	七	八	九	十
二十三	二十四	二十五	二十六	二十七	二十八文咨明王薨安臧王興安即位元年	二	三	四	五
十四	十五	十六	十七	十八	十九	二十	二十一	二十二	二十三武寧王薨聖王明穠即位元年

甲辰	乙巳	丙午	丁未	戊申	己酉	庚戌	辛亥	壬子	癸丑
五	六	七	大通元年	二	中大通元年	二	三	四	五
十一	十二	十三	十四	十五	十六	十七	十八	十九	二十
六	七	八	九	十	十一	十二	十三 安臧王薨 安原王寶延即位元年	二	三
二	三	四	五	六	七	八	九	十	十一

甲寅	乙卯	丙辰	丁巳	戊午	己未	庚申	辛亥	壬戌	癸亥
六	大同元年	二	三	四	五	六	七	八	九
二十一	二十二	二十三 始稱建元元年	二十四	二十五	二十六	二十七 法興王薨 眞興王麥原即位元年	二	三	四
四	五	六	七	八	九	十	十一	十二	十三
十二	十三	十四	十五	十六	十七	十八	十九	二十	二十一

甲子	乙丑	丙寅	丁卯	戊辰	己巳	庚午	辛未	壬申	癸酉
十	十一	中大同元年	太清元年	二	三 太宗簡文皇帝綱	大寶元年	二 豫章王棟天正元年 僭漢侯景太始元年 世祖孝元帝繹	承聖元年	二
五	六	七	八	九	十	十一	十二 改元開國	十三	十四
十四	十五 安原王薨 陽原王平成即位 元年	二	三	四	五	六	七	八	九
二十二	二十三	二十四	二十五	二十六	二十七	二十八	二十九	三十	三十一

甲戌	乙亥	丙子	丁丑	戊寅	己卯	庚辰	辛巳	壬午	癸未
三 敬皇帝方智	四 正陽侯天成元年 紹泰元年	太平元年	陳高祖武皇帝霸先 永定元年	二	三 世祖文皇帝	天嘉元年	二	三	四
十五	十六	十七	十八	十九	二十	二十一	二十二	二十三	二十四
十	十一	十二	十三	十四	十五 陽原王薨 平原王陽成即位 元年	二	三	四	五
三十二 聖王薨 威德王昌即位 元年	二	三	四	五	六	七	八	九	十

甲申	五	二十五	六	十一
乙酉	六	二十六	七	十二
丙戌	天康元年 廢帝伯宗	二十七	八	十三
丁亥	光大元年	二十八	九	十四
戊子	二 高宗孝宣皇頊	二十九 改元大昌	十	十五
己丑	大建元年	三十	十一	十六
庚寅	二	三十一	十二	十七
辛卯	三	三十二	十三	十八
壬辰	四	三十三 改元鴻濟	十四	十九
癸巳	五	三十四	十五	二十

甲午	六	三十五	十六	二十一
乙未	七	三十六	十七	二十二
丙申	八	三十七 眞興王薨 眞智王舍輪即位 元年	十八	二十三
丁酉	九	二	十九	二十四
戊戌	十	三	二十	二十五
己亥	十一	四 眞智王薨 眞平王白淨即位 元年	二十一	二十六
庚子	十二	二	二十二	二十七
辛丑	十三 隋高祖文皇帝楊堅開皇元年	三	二十三	二十八
壬寅	十四 後主叔寶	四	二十四	二十九
癸卯	至德元年	五	二十五	三十

甲辰	二	六 改元建福	二十六	三十一
乙巳	三	七	二十七	三十二
丙午	四	八	二十八	三十三
丁未	禎明元年	九	二十九	三十四
戊申	二	十	三十	三十五
己酉	三 陳氏滅	十一	三十一	三十六
庚戌	隋開皇十年	十二	三十二 平原王薨 嬰陽王元即位 元年	三十七
辛亥	十一	十三	二	三十八
壬子	十二	十四	三	三十九
癸丑	十三	十五	四	四十

甲寅	十四	十六	五	四十一
乙卯	十五	十七	六	四十二
丙辰	十六	十八	七	四十三
丁巳	十七	十九	八	四十四
戊午	十八	二十	九	四十五 威德王薨 惠王季即位 元年
己未	十九	二十一	十	二 惠王薨 法王宣即位 元年
庚申	二十	二十二	十一	二 法王薨 武王璋即位 元年
辛酉	仁壽元年	二十三	十二	二
壬戌	二	二十四	十三	三
癸亥	三	二十五	十四	四

甲子	四 煬皇帝廣	二十六	十五	五
乙丑	大業元年	二十七	十六	六
丙寅	二	二十八	十七	七
丁卯	三	二十九	十八	八
戊辰	四	三十	十九	九

三國史記卷第三十

三國史記卷第三十一

輸忠定難靖國贊化同德功臣開府儀同三司檢校太師守太保門下侍中判尚書吏禮部事集賢殿大學士監修國史上柱國致仕臣金富軾奉宣撰

年表 下

	隋大業	眞平王	嬰陽王	武王
己巳	五	三十一	二十	十
庚午	六	三十二	二十一	十一
辛未	七	三十三	二十二	十二
壬申	八	三十四	二十三	十三
癸酉	九	三十五	二十四	十四
甲戌	十	三十六	二十五	十五
乙亥	十一	三十七	二十六	十六
丙子	十二	三十八	二十七	十七
丁丑	十三 恭皇帝楡義寧元年	三十九	二十八	十八

戊寅	唐高祖神堯皇帝淵武德元年	四十	二十九 嬰陽王薨 榮留王建武即位元年	十九
己卯	二	四十一	二	二十
庚辰	三	四十二	三	二十一
辛巳	四	四十三	四	二十二
壬午	五	四十四	五	二十三
癸未	六	四十五	六	二十四
甲申	七	四十六	七	二十五
乙酉	八	四十七	八	二十六
丙戌	九 太宗文武大聖皇帝世民	四十八	九	二十七
丁亥	貞觀元年	四十九	十	二十八
戊子	二	五十	十一	二十九
己丑	三	五十一	十二	三十
庚寅	四	五十二	十三	三十一
辛卯	五	五十三	十四	三十二
壬辰	六	五十四 眞平王薨 善德王即位元年	十五	三十三
癸巳	七	二	十六	三十四
甲午	八	三 改元仁平	十七	三十五
乙未	九	四	十八	三十六

丙申	丁酉	戊戌	己亥	庚子	辛丑	壬寅	癸卯	甲辰
十	十一	十二	十三	十四	十五	十六	十七	十八
五	六	七	八	九	十	十一	十二	十三
十九	二十	二十一	二十二	二十三	二十四	二十五 榮留王薨 寶藏王即位元年	二	三
三十七	三十八	三十九	四十	四十一	四十二 武王薨 義慈王即位元年	二	三	四

乙巳	丙午	丁未	戊申	己酉	庚戌	辛亥	壬子	癸丑
十九	二十	二十一	二十二	二十三 高宗大聖孝皇帝治	永徽元年	二	三	四
十四	十五	十六 善德王薨 眞德王勝曼即位元年	二 改元太和	三	四 始行中國正朔	五	六	七
四	五	六	七	八	九	十	十一	十二
五	六	七	八	九	十	十一	十二	十三

甲寅	乙卯	丙辰	丁巳	戊午	己未	庚申	辛酉	壬戌	癸亥
五	六	顯慶元年	二	三	四	五	龍朔元年	二	三
八、眞德王薨太宗王春秋即位元年從此已下屬今	二	三	四	五	六	七	太宗薨文武王法敏即位元年	二	三
十三	十四	十五	十六	十七	十八	十九	二十	二十一	二十二
十四	十五	十六	十七	十八	十九	二十唐將蘇定方與羅人討之王義慈降百濟三十一王六百七十八年而滅			

甲子	乙丑	丙寅	丁卯	戊辰	己巳	庚午	辛未	壬申	癸酉
麟德元年	二	乾封元年	二	總章元年	二	咸亨元年	二	三	四
四	五	六	七	八	九	十	十一	十二	十三
二十三	二十四	二十五	二十六	二十七唐將李勣行軍與羅人攻破擒王以歸高氏二十八王七百五年而滅					

甲戌	乙亥	丙子	丁丑	戊寅	己卯	庚辰	辛巳	壬午	癸未
上元元年	二	儀鳳元年	二	三	調露元年	永隆元年	開耀元年	永淳元年	弘道元年 中宗大聖孝皇帝顯 則天順聖皇后武曌
十四	十五	十六	十七	十八	十九	二十	二十一 文武王薨 神文王政明即位元年	二	三

甲申	乙酉	丙戌	丁亥	戊子	己丑	庚寅	辛卯	壬辰	癸巳
嗣聖元年 豫王旦 文明元年 光宅元年	垂拱元年	二	三	四	永昌元年	載初元年 周天授元年	二	如意元年 長壽元年	二
四 光宅羅不行	五	六	七	八	九	十	十一	十二 神文王薨 孝昭王理洪即位元年	二

甲午	乙未	丙申	丁酉	戊戌	己亥	庚子	辛丑	壬寅	癸卯
延載元年	證聖元年 天册萬歲元年	萬歲登封元年 萬歲通天元年	神功元年	聖曆元年	二	久視元年	大足元年 長安元年	二	三
三	四 天册萬歲羅不行	五 登封羅不行	六	七	八	九	十	十一 孝昭王薨 聖德王興光即位 元年	二

甲辰	乙巳	丙午	丁未	戊申	己酉	庚戌	辛亥	壬子	癸丑
四	唐中宗 神龍元年	二	景龍元年	二	三	四 溫 睿宗大聖孝皇帝 景雲元年	二	大極元年 延和元年 玄宗大聖皇帝隆基 先天元年	開元元年
三	四	五	六	七	八	九	十	十一	十二

甲寅	乙卯	丙辰	丁巳	戊午	己未	庚申	辛酉	壬戌	癸亥
二	三	四	五	六	七	八	九	十	十一
十三	十四	十五	十六	十七	十八	十九	二十	二十一	二十二

甲子	乙丑	丙寅	丁卯	戊辰	己巳	庚午	辛未	壬申	癸酉
十二	十三	十四	十五	十六	十七	十八	十九	二十	二十一
二十三	二十四	二十五	二十六	二十七	二十八	二十九	三十	三十一	三十二

甲戌	乙亥	丙子	丁丑	戊寅	己卯	庚辰	辛巳	壬午	癸未
二十二	二十三	二十四	二十五	二十六	二十七	二十八	二十九	天寶元年	二
三十三	三十四	三十五	三十六 聖德王薨 孝成王承慶即位 元年	二	三	四	五	六 孝成王薨 景德王憲英即位 元年	二

甲申	乙酉	丙戌	丁亥	戊子	己丑	庚寅	辛卯	壬辰	癸巳
三載	四	五	六	七	八	九	十	十一	十二
三	四	五	六	七	八	九	十	十一	十二

甲午	乙未	丙申	丁酉	戊戌	己亥	庚子	辛丑	壬寅	癸卯
十三	十四	十五 肅宗皇帝亨至德元載	二	乾元元年	二	上元元年	二	寶應元年 代宗皇帝豫	廣德元年
十三	十四	十五 至德雖不行猶用天寶	十六	十七	十八	十九	二十	二十一	二十二 廣德雖不行猶用寶應

甲辰	乙巳	丙午	丁未	戊申	己酉	庚戌	辛亥	壬子	癸丑
二	永泰元年	大曆元年	二	三	四	五	六	七	八
二十三	二十四 景德王薨，惠恭王乾運即位元年	二	三	四	五	六	七	八	九

甲寅	乙卯	丙辰	丁巳	戊午	己未	庚申	辛酉	壬戌	癸亥
九	十	十一	十二	十三	十四 德宗皇帝适	建中元年	二	三	四
十	十一	十二	十三	十四	十五	十六 惠恭王薨 宣德王良相即位元年	二	三	四

甲子	乙丑	丙寅	丁卯	戊辰	己巳	庚午	辛未	壬申	癸酉
興元元年	貞元元年	二	三	四	五	六	七	八	九
五	六 宣德王薨 元聖王敬信即位元年	二	三	四	五	六	七	八	九

甲戌	乙亥	丙子	丁丑	戊寅	己卯	庚辰	辛巳	壬午	癸未
十	十一	十二	十三	十四	十五	十六	十七	十八	十九
十	十一	十二	十三	十四 元聖王薨	昭聖王俊邕即位元年	二 昭聖王薨 哀莊王重熙即位元年	二	三	四

甲申	乙酉	丙戌	丁亥	戊子	己丑	庚寅	辛卯	壬辰	癸巳
二十	二十一 順宗皇帝誦永貞元年 憲宗皇帝純	元和元年	二	三	四	五	六	七	八
五	六	七	八	九	十 哀莊王薨 憲德王彥昇即位元年	二	三	四	五

甲午	乙未	丙申	丁酉	戊戌	己亥	庚子	辛丑	壬寅	癸卯
九	十	十一	十二	十三	十四	十五 穆宗皇帝恒	長慶元年	二	三
六	七	八	九	十	十一	十二	十三	十四	十五

甲辰	乙巳	丙午	丁未	戊申	己酉	庚戌	辛亥	壬子	癸丑
四 敬宗皇帝湛	寶曆元年	二 文宗皇帝昂	大和元年	二	三	四	五	六	七
十六	十七	十八 憲德王薨 興德王景徽即位 元年	二	三	四	五	六	七	八

甲寅	乙卯	丙辰	丁巳	戊午	己未	庚申	辛酉	壬戌	癸亥
八	九	開成元年	二	三	四	五 武宗皇帝炎	會昌元年	二	三
九	十	十一 興德王薨僖康王悌隆即位元年	二	三 僖康王薨閔哀王明即位元年	二 閔哀王薨神武王祐徵即位不踰年而薨文聖王慶膺即位元年	二	三	四	五

甲子	乙丑	丙寅	丁卯	戊辰	己巳	庚午	辛未	壬申	癸酉
四	五	六 宣宗皇帝忱	大中元年	二	三	四	五	六	七
六	七	八	九	十	十一	十二	十三	十四	十五

甲戌	乙亥	丙子	丁丑	戊寅	己卯	庚辰	辛巳	壬午	癸未
八	九	十	十一	十二	十三 懿宗皇帝漼	咸通元年	二	三	四
十六	十七	十八	十九 文聖王薨 憲安王誼靖即位 元年	二	三	四	五 憲安王薨 景文王膺廉即位 元年	二	三

甲申	乙酉	丙戌	丁亥	戊子	己丑	庚寅	辛卯	壬辰	癸巳
五	六	七	八	九	十	十一	十二	十三	十四 僖宗皇帝儇
四	五	六	七	八	九	十	十一	十二	十三

甲午	乙未	丙申	丁酉	戊戌	己亥	庚子	辛丑	壬寅	癸卯
乾符元年	二	三	四	五	六	廣明元年	中和元年	二	三
十四	十五 景文王薨 憲康王晸即位元年 二月二十二日知中國改年號改爲乾符二年	二	三	四	五	六	七	八 五月二十五日知中國改年號迺用中和二年	九

甲辰	乙巳	丙午	丁未	戊申	己酉	庚戌	辛亥	壬子	癸丑
四	光啓元年	二	三	文德元年 昭宗皇帝曄	龍紀元年	大順元年	二	景福元年	二
十	十一	十二 憲康王薨 定康王晃即位元年 六月知中國改年號迺爲光啓二年	二 定康王薨 眞聖王曼即位元年	二	三	四	五	六	七 知中國改年號迺爲景福二年
							弓裔始起投賊		
								後百濟甄萱自稱王	二

甲寅	乙卯	丙辰	丁巳	戊午	己未	庚申	辛酉	壬戌	癸亥
乾寧元年	二	三	四	光化元年	二	三	天復元年	二	三
八	九	十	十一 眞聖王禪位太子 薨于後宮 孝恭王嶢即位元年	二	三	四	五	六	七
				弓裔都松嶽			弓裔自稱王	二	三
三	四	五	六	七	八	九	十	十一	十二

甲子	乙丑	丙寅	丁卯	戊辰	己巳	庚午	辛未	壬申	癸酉
天祐元年 哀皇帝祝	二	三	四 梁太祖皇帝朱晃開平元年	二	三	四	乾化元年	二 郢王友珪	三 末帝瑱
八	九	十	十一	十二	十三	十四	十五	十六 孝恭王薨 神德王景暉即位 元年	二
四 國號摩震 年號武泰	五 弓裔移都鐵圓 改武泰爲聖冊元年	六	七	八	九	十	十一 改國號爲泰封 改元水德萬歲	十二	十三
十三	十四	十五	十六	十七	十八	十九	二十	二十一	二十二

甲戌	乙亥	丙子	丁丑	戊寅	己卯	庚辰	辛巳	壬午	癸未
四	貞明元年	二	三	四	五	六	龍德元年	二	三後唐同光元年
	四	五	六神德王薨景明王昇英即位元年	二	三	四	五	六	七
十四改元政開太祖爲百船將軍	十五	十六	十七	十八弓裔麾下人心忽變推戴太祖王弓裔爲下所殺太祖即位稱元					
二十三	二十四	二十五	二十六	二十七	二十八	二十九	三十	三十一	三十二

甲申	乙酉	丙戌	丁亥	戊子	己丑	庚寅	辛卯	壬辰	癸巳
二	三	四明宗皇帝亶天成元年	二	三	四	長興元年	二	三	四閔帝從厚
八景明王薨景哀王魏膺即位元年	二	三	四景哀王薨敬順王傅即位元年	二	三	四	五	六	七
三十三	三十四	三十五	三十六	三十七	三十八	三十九	四十	四十一	四十二

甲午	乙未	丙申
應順元年末帝從珂淸泰元年	二	三晉高祖石敬瑭天福元年
八	九王移書我太祖自降納土新羅五十六王九百九十二年而滅	
四十三	四十四	四十五甄萱子神劒囚父篡位自稱將軍甄萱出奔錦城投太祖

三國史記卷第三十一

三國史記卷第三十二

輸忠定難靖國贊化同德功臣開府儀同三司檢校太師守太保門下侍中判尚書吏禮部事集賢殿太學士監修國史上柱國致仕臣金富軾奉

宣撰

雜志第一　祭祀　樂

祭祀

按新羅宗廟之制。第二代南解王三年春。始立始祖赫居世廟。四時祭之。以親妹阿老主祭。第二十二代智證王。於始祖誕降之地奈乙。創立神宮。以享之。至第三十六代惠恭王。始定五廟。以味鄒王爲金姓始祖。以太宗大王、文武大王。平百濟高句麗有大功德。並爲世世不毀之宗。兼親廟二爲五廟。至第三十七代宣德王。立社稷壇。又見於祀典。皆境内山川。而不及天地者。蓋以王制曰。天子七廟。諸侯五廟。二昭二穆與太祖之廟而五。又曰。天子祭天地、天下名山大川。諸侯祭社稷、名山大川之在其地者。是故不敢越禮而行之者歟。然其壇堂之高下。壝門之内外。次位之尊卑。陳設登降之節。尊爵、籩豆、牲牢、冊祝之禮。不可得而推也。但粗記其大略云爾。

一年六祭五廟。謂正月二日、五日、五月五日、七月上旬、八月一日、十五日。十二月寅日、新城北門祭八棤。豐年用大牢。凶年用小牢。立春後亥日、明活城南熊殺谷祭先農。立夏後亥日、新城北門祭中農。立秋後亥日、䔉園祭後農。立春後丑日、犬首谷門祭風伯。立夏後申日、卓渚祭雨師。立秋後辰日、本彼遊村祭靈星。（檢諸禮典，只祭先農，無中農後農。）

三山五岳已下名山大川。分爲大中小祀。

大祀。三山。一、奈歷。（習比部）二、骨火。（切也火郡）三、穴禮。（大城郡）

中祀。五岳。東、吐含山。（大城郡）南、地理山。（菁州）西、雞龍山。（熊川州）北、太伯山。（奈已郡）中、父岳。（一云公山。押督郡）四鎮。東、溫沫懃。（牙谷停）南、海恥也里。（一云悉帝。推火郡）西、加耶岬岳。（馬尸山郡）北、熊谷岳。（比烈忽郡）四海。東、阿等邊。（一云斤烏兄邊。退火郡）南、兄邊。（居柒山郡）西、未陵邊。（屎山郡）北、非禮山。（悉直郡）四瀆。東、吐只河。（一云槧浦。退火郡）南、黃山河。（歃良州）西、熊川河。（熊川州）北、漢山河。（漢山州）俗離岳。（三年山郡）推心。（大加耶郡）上助音居西。（西林郡）烏西岳。（結已郡）北兄山城。（大城郡）淸海鎮。（助音島）

小祀。霜岳。（高城郡）雪岳。（迂城郡）花岳。（斤平郡）鉗岳。（七重城）負兒岳。（北漢山州）月奈岳。（月奈郡）武珍岳。（武珍州）西多山。（伯海郡難知可縣）月兄山。（奈吐郡沙熱伊縣）道西城。（萬弩郡）冬老岳。（進禮郡丹川縣）竹旨。（及伐山郡）熊只。（屈自郡熊只縣）岳髮。（一云髮岳。于珍也郡）于火。（生西良郡于火縣）三岐。（大城郡）卉黃。（牟梁）高墟。（沙梁）嘉阿岳。（三年山郡）波只谷原岳。（阿支縣）非藥岳。（退火郡）加林城。（加林縣。一本有靈嵒山虞風山，無加林城）加良岳。（菁州）西述。（牟梁）

四城門祭。一、大井門。二、吐山良門。三、習比門。四、王后梯門。部庭祭。梁部。四川上祭。一、犬首。二、文熱林。三、青淵。四、樸樹。文熱林行日月祭。靈廟寺南行五星祭。惠樹行祈雨祭。四大道祭。東、古里。南、簷并樹。西、渚樹。北、活併岐。壓丘祭。辟氣祭。上件或因別制。或因水旱。

而行之者也。

高句麗、百濟祀禮不明。但考古記及中國史書所載者。以記云爾。

後漢書云。高句麗好祠鬼神、社稷、零星。以十月祭天。大會名曰東盟。其國東有大穴。號襚神。亦以十月迎而祭之。

北史云。高句麗常以十月祭天。多淫祠。有神廟二所。一曰夫餘神。刻木作婦人像。二曰高登神。云是始祖夫餘神之子。竝置官司。遣人守護。蓋河伯女朱蒙云。

梁書云。高句麗於所居之左。立大屋祭鬼神。冬。祠零星、社稷。

唐書云。高句麗俗多淫祠。祀靈星及日、箕子、可汗等神。國左有大穴。曰神隧。每十月王皆自祭。

古記云。東明王十四年秋八月。王母柳花薨於東扶餘。其王金蛙以大后禮葬之。遂立神廟。大祖王六十九年冬十月。幸扶餘。祀大后廟。新大王四年秋九月。如卒本。祀始祖廟。故國川王元年秋九月、東川王二年春二月、中川王十三年秋九月、故國原王二年春二月。安臧王三年夏四月、平原王二年春二月、建武王二年夏四月。並如上行。故國壤王九年春三月。立國社。又云。高句麗常以三月三日。會獵樂浪之丘。獲猪鹿。祭天及山川。

冊府元龜云。百濟每以四仲之月。王祭天及五帝之神。立其始祖仇台廟於國城。歲四祠之。按海東古記。或云始祖東明。或云始祖優台。北史及隋書皆云。東明之後有仇台、立國於帶方。此云始祖仇台。然東明爲始祖。事迹明白。其餘不可信也。

古記云。溫祚王二十年春二月。設壇祠天地。三十八年冬十月、多婁王二年春二月、古尒王五年春正月、十年春正月、十四年春正月、近肖古王二年春正月、阿莘王二年春正月、腆支王二年春正月、牟大王十一年冬十月。並如上行。多婁王二年春正月。謁始祖東明廟。責稽王二年春正月、汾西王二年春正月、契王二年夏四月、阿莘王二年春正月、腆支王二年春正月。並如上行。

樂

新羅樂。三竹、三絃、拍板、大鼓。歌舞。舞二人。放角幞頭、紫大袖、公襴紅鞓、鍍金銙腰帶、烏皮鞾。三絃。一、玄琴。二、加耶琴。三琵琶。三竹。一、大笒。二、中笒。三、小笒。

玄琴。象中國樂部琴而爲之。按琴操曰。伏犧作琴以修身理性。反其天眞也。又曰。琴長三尺六寸六分、象三百六十六日。廣六寸、象六合。文上曰池。池者水也、言其平。下曰濱。濱者服也前廣後狹、象尊卑也。上圓下方、法天地也。五絃、象五行。大絃爲君。小絃爲臣。文王、武王加二絃。又風俗通曰。琴長四尺五寸者、法四時五行。七絃、法七星。玄琴之作也。新羅古記云。初晉人以七絃琴送高句麗。麗人雖知其爲樂器。而不知其聲音及鼓之之法。購國人能識其音而鼓之者、厚賞。時第二相王山岳存其本樣。頗改易其法制而造之。兼製一百餘曲以奏之。於時玄鶴來舞。遂名玄鶴琴。後但云玄琴。羅人沙飡恭永子玉寶高入地理山雲上院。學琴五十年。自製新調三十曲。傳之續命得。得傳之貴金先生。先生亦入地理山不出。羅王恐琴道斷絕。謂伊飡允興方便傳得其音。遂委南原公事。允興到官。簡聰明少年二人。曰安長、清長。使詣山中傳學。先生教之。而其隱微不以傳。允興與婦偕進曰。吾王遣我南原者。無他、欲傳先生之技。于今三年矣。先生有所秘而不傳。吾無以復命。允興捧酒。其婦執盞膝行。致禮盡誠。然後傳其所秘飄風等三曲。安長傳其子克相、克宗。克宗制七曲。克宗之後。以琴自業者非一二。所製音曲有二調。一平調。二、羽調。共一百八十七曲。其餘聲遺曲。流傳可記者無幾。餘悉散逸。不得具載。

玉寶高所製三十曲。上院曲一。中院曲一。下院曲一。南海曲二。倚嵒曲一。老人曲七。竹庵曲二。玄合曲一。春朝曲一。秋夕曲一。吾沙息曲一。鴛鴦曲一。遠岵曲六。比目曲一。入實相曲一。幽谷清聲曲一。降天聲曲一。克宗所製七曲。今亡。

加耶琴。亦法中國樂部箏而爲之。風俗通曰。箏秦聲也。釋名曰。箏施絃高。箏箏然。幷梁二州箏形如瑟。傅玄曰。上圓、象天。下平、象地。中空準六合。絃柱擬十二月。斯乃仁智之器。阮瑀曰。箏長六尺。以應律數。絃有十二、象四時。柱高三寸、象三才。加耶琴雖與箏制度小異。而大槩似之。羅古記云。加耶國嘉實王見唐之樂器而造之。王以謂諸國方言各異聲音。豈可一哉。乃命樂師省熱縣人于勒。造十二曲。後于勒以其國將亂。攜樂器投新羅眞興王。王受之。安置國原。乃遣大奈麻注知、階古、大舍萬德傳其業。三人既傳十一曲。相謂曰。此繁且淫。不可以爲雅正。遂約爲五曲。于勒始聞焉而怒。及聽其五種之音。流淚歎曰。樂而不流。哀而不悲。可謂正也。爾其奏之王前。王聞之大悅。諫臣獻議。

加耶亡國之音。不足取也。王曰。加耶王淫亂自滅。樂何罪乎。蓋聖人制樂。緣人情以爲撙節。國之理亂不由音調。遂行之。以爲大樂。加耶琴有二調。一、河臨調。二、嫩竹調。共一百八十五曲。

于勒所製十二曲。一曰下加羅都。二曰上加羅都。三曰寶伎。四曰達已。五曰思勿。六曰勿慧。七曰下奇物。八曰師子伎。九曰居烈。十曰沙八兮。十一曰爾赦。十二曰上奇物。泥文所製三曲。一曰烏。二曰鼠。三曰鶉。（赦字未詳。）

琵琶。風俗通曰。近代樂家所作。不知所起。長三尺五寸、法天地人與五行。四絃象四時也。釋名曰。琵琶本胡中馬上所鼓。推手前曰琵。引手却曰琶。因以爲名。鄉琵琶、與唐制度大同而少異。亦始於新羅。但不知何人所造。其音有三調。一、宮調。二、七賢調。三、鳳皇調。共二百一十二曲。

三竹。亦模倣唐笛而爲之者也。風俗通曰。笛、漢武帝時丘仲所作也。又按宋玉有笛賦。玉在漢前。恐此說非也。馬融云。近代雙笛從羌起。又笛、滌也。所以滌邪穢而納之於雅正也。長一尺。四十七孔。鄉三竹。此亦起於新羅。不知何人所作。古記云。神文王時。東海中忽有一小山。形如龜頭。其上有一竿竹。晝分爲二。夜合爲一。王使斫之作笛。名萬波息。雖有此說。怪不可信。三竹笛有七調。一、平調。二、黃鐘調。三、二雅調。四、越調。五、般涉調。六、出調。七、俊調。大笒三百二十四曲。中笒二百四十五曲。小笒二百九十八曲。

會樂及辛熱樂、儒理王時作也。突阿樂、脫解王時作也。枝兒樂、婆娑王時作也。思內（一作詩惱）

樂、奈解王時作也。笳舞、奈密王時作也。憂息樂、訥祇王時作也。碓樂、慈悲王時人百結先生作也。竿引、智大路王時人川上郁皆子作也。美知樂、法興王時作也。徒領歌、眞興王時作也。捺絃引、眞平王時人淡水作也。思內奇物樂、原郞徒作也。內知、日上郡樂也。白實、押梁郡樂也。德思內、河西郡樂也。石南思內道、同伐郡樂也。祀中、北隈郡樂也。此皆鄕人喜樂之所由作也。而聲器之數。歌舞之容。不傳於後世。但古記云。政明王九年。幸新村。設酺奏樂。笳舞。監六人。笳尺二人、舞尺一人。下辛熱舞。監四人、琴尺一人、舞尺二人、歌尺三人。思內舞。監三人、琴尺一人、舞尺二人、歌尺二人。韓岐舞。監三人、琴尺一人、舞尺二人。上辛熱舞。監三人、琴尺一人、舞尺二人、歌尺二人。小京舞。監三人、琴尺一人、舞尺一人、歌尺三人。美知舞。監四人、琴尺一人、舞尺二人。哀莊王八年奏樂。始奏思內琴。舞尺四人青衣、琴尺一人赤衣、歌尺五人彩衣、繡扇並金縷帶。次奏碓琴舞。舞尺赤衣、琴尺靑衣。如此而已。則不可言其詳也。羅時樂工皆謂之尺。崔致遠詩有鄕樂雜詠五首。今錄于此。金丸。廻身掉臂弄金丸、月轉星浮滿眼看、縱有宜僚那勝此、定知鯨海息波瀾。月顚。肩高項縮髮崔嵬、攘臂羣儒鬪酒盃、聽得歌聲人盡笑、夜頭旗幟曉頭催。大面。黃金面色是其人、手抱珠鞭役鬼神、疾步徐趍呈雅舞、宛如丹鳳舞堯春。束毒。蓬頭藍面異人間、押隊來庭學舞鸞、打皷冬冬風瑟瑟、南奔北躍也無端。狻猊。遠涉流沙萬里來、毛衣破盡着塵埃、搖頭掉尾馴仁德、雄氣寧同百獸才。

高句麗樂。通典云。樂工人紫羅帽。飾以鳥羽。黃大袖。紫羅帶。大口袴。赤皮鞾。五色緇繩。

舞者四人。椎髻於後。以絳抹額。飾以金璫。二人黃裙襦、赤黃袴。二人赤黃裙襦袴。極長其袖。烏皮鞾。雙雙併立而舞。樂用彈箏一、搊箏一、臥箜篌一、竪箜篌一、琵琶一、五絃一、義觜笛一、笙一、橫笛一、簫一、小篳篥一、大篳篥一、桃皮篳篥一、腰鼓一、齊鼓一、檐鼓一、唄一。大唐武太后時尚二十五曲。今唯能習一曲。衣服亦寖衰敗。失其本風。冊府元龜云。樂有五絃琴、箏、篳篥、橫吹、簫、鼓之屬。吹蘆以和曲。

百濟樂。通典云。百濟樂。中宗之代工人死散。開元中岐王範爲、大常卿。復奏置之。是以音伎多闕。舞者二人。紫大袖裙襦。章甫冠。皮履。樂之存者。箏、笛、桃皮篳篥、箜篌。樂器之屬多同於內地。北史云。有鼓角、箜篌、箏、竽、篪、笛之樂。

三國史記卷第三十二

三國史記卷第三十三

輸忠定難靖國贊化同德功臣開府儀同三司檢校太師守太保門下侍中判尚書吏禮部事集賢殿太學士監修國史上柱國致仕臣金富軾奉
宣撰

雜志第二　色服　車騎　器用　屋舍

新羅之初。衣服之制。不可考色。至第二十三葉法興王。始定六部人服色尊卑之制。猶是夷俗。至眞德在位二年。金春秋入唐。請襲唐儀。太宗皇帝詔可之。兼賜衣帶。遂還來施行。以夷易華。文武王在位四年。又革婦人之服。自此已後。衣冠同於中國。 我太祖受命。凡國家法度。多因羅舊。則至今朝廷士女之衣裳。蓋亦春秋請來之遺制歟。臣三奉使上國。一行衣冠。與宋人無異。嘗入朝。尚早立紫宸殿門。一閤門員來問。何者是高麗人使。應曰。我是。則笑而去。又宋使臣劉逵、吳拭來聘在館。宴次見鄕粧倡女。召來上階。指闊袖衣、色絲帶、大裙。嘆曰。此皆三代之服。不擬尚行。於此知。今之婦人禮服。蓋亦唐之舊歟。新羅年代綿遠。文史缺落。其制不可僂數。但粗記其可見云爾。

法興王制。自太大角干至大阿飡、紫衣。阿飡至級飡、緋衣。並牙笏。大奈麻、奈麻、青衣。大舍至先沮知、黄衣。
伊飡、迊飡、錦冠。波珍飡、大阿飡、衿荷緋冠。上堂大奈麻、赤位大舍、組纓。
興德王卽位九年。大和八年。下敎曰。人有上下。位有尊卑。名例不同。衣服亦異。俗漸澆薄。民競奢華。只尙異物之珍奇。却嫌土産之鄙野。禮數失於逼僭。風俗至於陵夷。敢率舊章。以申明命。苟或故犯。固有常刑。
眞骨大等。幞頭任意。表衣、半臂袴並禁罽繡錦羅。腰帶禁研文白玉。靴禁紫皮。靴帶禁隱文白玉。襪任用綾已下。履任用皮絲麻。布用二十六升已下。
眞骨女。表衣禁罽繡錦羅。內衣、半臂袴、襪、履、並禁罽繡羅。裱禁罽及繡用金銀絲孔雀尾翡翠毛者。梳禁瑟瑟鈿玳瑁。釵禁刻鏤及綴珠。冠禁瑟瑟鈿。布用二十八升已下。九色禁赭黄。
六頭品。幞頭用繐羅絁絹布。表衣只用綿紬紬布。內衣只用小文綾絁絹布。袴只用絁絹綿紬布。帶只用烏犀鍮鐵銅。襪只用絁綿紬布。靴禁烏麖皺文紫皮。靴帶用烏犀鍮鐵銅。履只用皮麻。布用十八升已下。
六頭品女。表衣只用中小文綾絁絹。內衣禁罽繡錦野草羅。半臂禁罽繡羅繐羅。袴禁罽繡錦羅繐羅金泥。裱禁罽繡錦羅金銀泥。褙、襠、短衣並禁罽繡錦羅布紡羅野草羅金銀泥。表裳禁罽繡錦羅繐羅野草羅金銀泥纐纈。襻襟禁罽繡。內裳禁罽繡錦羅野草羅。帶禁以金銀絲孔雀尾翡翠毛爲組。襪袎禁罽羅繐羅。襪禁罽繡錦羅繐羅野草羅。履禁罽繡錦羅緦羅。梳禁瑟瑟鈿。釵禁純金以銀刻鏤及綴珠。冠用緦羅紗絹。布用二十五升已下。色禁赭黃紫紫粉金屑紅。

五頭品。幞頭用羅絁絹布。表衣只用布。內衣、半臂只用小文綾絁絹布。袴只用綿紬布。腰帶只用鐵。襪只用綿紬。靴禁烏麖皺文紫皮。靴帶只用鍮鐵銅。履用皮麻。布用十五升已下。

五頭品女。表衣只用無文獨織。內衣只用小文綾。半臂禁罽繡錦野草羅緦羅。袴禁罽繡錦羅緦羅野草羅金泥。褾用綾絹已下。褙、襠禁罽繡錦野草羅布紡羅金銀泥纈纈。短衣禁罽繡錦野草羅布紡羅緦羅金銀泥纈纈。表裳禁罽繡錦野草羅緦羅金銀泥纈纈。褸襻禁罽繡錦羅。內裳禁罽繡錦野草羅金銀泥纈纈。帶禁以金銀絲孔雀尾翡翠毛爲組。襪袎禁罽繡錦羅緦羅。襪禁罽繡錦羅緦羅野草羅。履但用皮已下。梳用素玳瑁已下。釵用白銀已下。無冠。布用二十升已下。色禁赭黃紫紫粉黃屑紅緋。

四頭品。幞頭只用紗絁絹布。表衣、袴只用布。內衣、半臂只用絁絹綿紬布。腰帶只用鐵銅。靴禁烏麖皺文紫皮。靴帶只用鐵銅。履用牛皮麻已下。布用十三升已下。

四頭品女。表衣只用綿紬已下。內衣只用小文綾已下。半臂、袴只用小文綾絁絹已下。褾短衣只用絹已下。褙襠只用綾已下。表裳只用絁絹已下。褸與裳同。襻用越羅。無內裳。帶禁繡組及野草羅乘天羅越羅。只用綿紬已下。襪袎只用小文綾已下。襪只用小文綾絁綿紬布。履用皮已下。梳用素牙角木。釵禁刻鏤綴珠及純金。無冠。布用十八升。

色禁赭黃紫紫粉黃屑緋紅滅紫。

平人。幞頭只用絹布。表衣、袴只用布。內衣只用絹布。帶只用銅鐵。靴禁烏麖皺文紫皮。靴帶只用鐵銅。履用麻已下。布用十二升已下。

平人女。表衣只用綿紬布。內衣只用絁絹綿紬布。袴用絁已下。表裳用絹已下。襻只用綾已下。帶只用綾絹已下。襪袎用無文。襪用絁綿紬已下。梳用素牙角已下。釵用鍮石已下。布用十五升已下。色與四頭品女同。

高句麗、百濟衣服之制。不可得而考。今但記見於中國歷代史書者。

北史云。高麗人皆頭着折風。形如弁。士人加揷二鳥羽。貴者其冠曰蘇骨。多用紫羅爲之。飾以金銀。服大袖衫、大口袴、素皮帶、黃革履。婦人裙襦加襈。

新唐書云。高句麗王服五采。以白羅製冠。革帶皆金釦。大臣青羅冠。次絳羅。珥兩鳥羽金銀雜釦。衫筩褎。袴大口。白韋帶。黃革履。庶人衣褐。戴弁。女子首巾幗。

冊府元龜云。高句麗。其公會皆錦繡金銀以自飾。大加主簿皆着幘。如冠幘而無後。其小加着折風。形如弁。

北史云。百濟衣服與高麗略同。若朝拜祭祀。其冠兩廂加翅。戎事則不。奈率已下。冠飾銀花。將德紫帶。施德皂帶。固德赤帶。季德青帶。對德文督皆黃帶。自武督至剋虞皆白帶。

隋書云。百濟自佐平至將德、服紫帶。施德皂帶。固德赤帶。季德青帶。對德以下、皆黃帶。

自文督至剋虞、皆白帶。冠制並同。唯奈率以上、飾以銀花。

唐書云。百濟其王服大袖紫袍。青錦袴。烏羅冠。金花爲飾。素皮帶。烏革履。官人盡緋爲衣。銀花飾冠。庶人不得衣緋紫。

通典云。百濟其衣服男子略同於高麗。婦人衣似袍而袖微大。

車騎 新羅

眞骨。車材不用紫檀沉香。不得帖玳瑁。亦不敢飾以金銀玉。褥子用綾絹已下。不過二重。坐子用錮錦二色綾已下。緣用錦已下。前後幰用小文綾紗絁已下。色以深青碧紫紫粉。絡網用糸麻。色以紅緋翠碧。粧表且用絹布。色以紅緋青縹。牛勒及鞅用絁絹布。環禁金銀鍮石。步搖亦禁金銀鍮石。

六頭品。褥子用絁絹已下。坐子用絁絹布。無緣。前後幰若隨眞骨已上貴人行則不設。但自行則用竹簾若莞席。緣以絁絹已下。絡網用布。色以赤青。牛勒及鞅用布。環用鍮銅鐵。

五頭品。褥子只用氈若布。前後幰只用竹簾莞席。緣以皮布。無勒。鞅用麻。環用木鐵。

眞骨。鞍橋禁紫檀沉香。鞍韉禁罽繡錦羅。鞍坐子禁罽繡羅。障泥但用麻油染。銜鐙禁金鍮石鍍金綴玉。靷鞦禁組及紫條。

眞骨女。鞍橋禁寶鈿。鞍韉鞍坐子禁罽羅。脊維（一云鞍脊）禁罽繡羅。銜鐙禁褁金綴玉。靷鞦禁雜金銀絲組。

六頭品。鞍橋禁紫檀沉香黃楊槐柘及金銀綴玉。鞍韉用皮。鞍坐子用綿紬絁布皮。障泥用麻油染。銜鐙禁金銀鍮石及鍍金銀綴玉。靷鞦用皮麻。

六頭品女。鞍橋禁紫檀沉香及裹金綴玉。鞍韉鞍坐子禁罽繡錦羅總羅。替脊用綾絁絹。銜鐙禁金銀鍮石及鍍金銀綴玉。障泥用皮。靷鞦不用組。

五頭品。鞍橋禁紫檀沉香黃楊槐柘。亦不得用金銀綴玉。鞍韉用皮。障泥用麻油染。銜鐙禁金銀鍮石。又不得鍍鏤金銀。靷鞦用麻。

五頭品女。鞍橋禁紫檀沉香。又禁飾以金銀玉。鞍韉鞍坐子禁罽繡錦綾羅虎皮。銜鐙禁金銀鍮石。又禁飾以金銀。障泥用皮。靷鞦禁組及紫紫粉暈條。

四頭品至百姓。鞍橋禁紫檀沉香黃楊槐柘。又禁飾以金銀玉。鞍韉用牛馬皮。鞍褥用皮。障泥用楊竹。銜用鐵。鐙用木鐵。靷鞦用筋若麻爲絞。

四頭品女至百姓女。鞍橋禁紫檀沉香黃楊槐。又禁飾金銀玉。鞍韉鞍坐子禁罽繡錦羅總羅綾虎皮。銜鐙禁金銀鍮石。又禁飾金銀。障泥但用皮。靷鞦禁組及紫紫粉暈條。

器用

眞骨。禁金銀及鍍金。

六頭、五頭品。禁金銀及鍍金銀。又不用虎皮毬毽毾㲪。
四頭品至百姓。禁金銀鍮石朱裏平文物。又禁毬毽毾㲪虎皮大唐毯等。

屋舍

眞骨。室長廣不得過二十四尺。不覆唐瓦。不施飛簷。不雕懸魚。不飾以金銀鍮石五彩。不磨階石。不置三重階。垣墻不施梁棟。不塗石灰。簾緣禁錦罽繡野草羅。屛風禁繡。床不飾玳瑁沉香。

六頭品。室長廣不過二十一尺。不覆唐瓦。不施飛簷重栿栱牙懸魚。不飾以金銀鍮石白鑞五彩。不置巾階及二重階。階石不磨。垣墻不過八尺。又不施梁棟。不塗石灰。簾緣禁罽繡綾。屛風禁繡。床不得飾玳瑁紫檀沉香黃楊。又禁錦薦。不置重門及四方門。廐容五馬。

五頭品。室長廣不過十八尺。不用山楡木。不覆唐瓦。不置獸頭。不施飛簷重栿花斗牙懸魚。不以金銀鍮石銅鑞五彩爲飾。不磨階石。垣墻不過七尺。不架以梁。不塗石灰。簾緣禁錦罽綾絹絁。不作大門四方門。廐容三馬。

四頭品至百姓。室長廣不過十五尺。不用山楡木。不施藻井。不覆唐瓦。不置獸頭飛簷栱牙懸魚。不以金銀鍮石銅鑞爲飾。階砌不用山石。垣墻不過六尺。又不架梁。不塗石灰。不作大門四方門。廐容二馬。

外眞村主與五品同。次村主與四品同。

三國史記卷第三十三

三國史記卷第三十四

輸忠定難靖國贊化同德功臣開府儀同三司檢校太師守太保門下侍中判尚書吏禮部事集賢殿大學士監修國史上柱國致仕臣金富軾奉宣撰

雜志第三　地理一

新羅疆界。古傳記不同。杜佑通典云。其先本辰韓種。其國在百濟高麗二國東南。東濱大海。劉煦唐書云。東南俱限大海。宋祁新書云。東南日本。西百濟。北高麗。南濱海。賈耽四夷述曰。辰韓在馬韓東。東抵海。北與濊接。新羅崔致遠曰。馬韓則高麗。卞韓則百濟。辰韓則新羅也。此諸說可謂近似焉。若新舊唐書皆云。卞韓苗裔在樂浪之地。新書又云。東距長人。長人者人長三丈。鋸牙鉤爪。搏人以食。新羅常屯弩士數千守之。此皆傳聞懸說。非實錄也。按兩漢志。樂浪郡距洛陽東北五千里。注曰屬幽州。故朝鮮國也。則似與雞林地分隔絕。又相傳。東海絕島上有大人國。而人無見者。豈有弩士守之者。今按新羅始祖赫居世。前漢五鳳元年甲子開國。王都長三千七十五步。廣三千一十八步。三十五里。六部。國號曰徐耶伐。或云斯羅。或云斯盧。或云新羅。脫解王九年。始林有雞怪。更名雞林。因以爲國號。基臨王十年。復號新羅。初赫居世二十一年。築宮城。號金城。婆娑王二十二年。於金城東南築城。號月城。或號在城。周一千二十三步。新月城北有滿月城。周一千八百三十八步。又新月城東有明活城。周一千九百六步。又新月城南有南山城。周二千八百四步。始祖已來處金城。至後世多處兩月城。始與高句麗百濟地錯犬牙。或相和親。或相寇鈔。後與大唐侵滅二邦。平其土地。遂置九州。本國界內置三州。王城東北當唐恩浦路曰尙州。王城南曰良州。西曰康州。於故百濟國界置三州。百濟故城北熊津口曰熊州。次西南曰全州。次南曰武州。於故高句麗南界置三州。從西第一曰漢州。次東曰朔州。又次東曰溟州。九州所管郡縣無慮四百五十。（方言所謂鄕部曲等雜所。不復具錄。）新羅地理之廣袤。斯爲極矣。及其衰也。政荒民散。疆土日蹙。末王金傅以國歸　我太祖。以其國爲慶州。

尙州。沾解王時取沙伐國爲州。法興王十一年。梁普通六年。初置軍主爲上州。眞興王十八年。州廢。神文王七年。唐垂拱三年。復置。築城周一千一百九步。景德王十六年。改名尙州。今因之。領縣三。靑驍縣、本昔里火縣。景德王改名。今靑理縣。多仁縣、本達已縣（或云多巳）景德王改名。今因之。化昌縣、本知乃彌知縣。景德王改名。今未詳。

醴泉郡、本水酒郡。景德王改名。今甫州。領縣四。永安縣、本下枝縣。景德王改名。今豐山縣。安仁縣、本蘭山縣。景德王改名。今未詳。嘉猷縣、本近（一作巾）品縣。景德王改名。今山陽縣。殷正縣、本赤牙縣。景德王改名。今殷豐縣。

古昌郡、本古陁耶郡。景德王改名。今安東府。領縣三。直寧縣、本一直縣。景德王改名。今復故。日谿縣、本熱兮縣。(或云泥兮) 景德王改名。今未詳。高丘縣、本仇火縣。(或云高近) 景德王改名。今合屬義城府。

聞韶郡、本召文國。景德王改名。今義城府。領縣四。眞寶縣、本柒巴火縣。景德王改名。今甫城。比屋縣、本阿火屋縣。(一云幷屋) 景德王改名。今因之。安賢縣、本阿尸兮縣。(一云阿乙兮) 景德王改名。今安定縣。單密縣、本武冬彌知。(一云曷冬彌知) 景德王改名。今因之。

嵩善郡、本一善郡。眞平王三十六年。爲一善州。置軍主。神文王七年。州廢。景德王改名。今善州。領縣三。孝靈縣、本芼兮縣。景德王改名。今因之。尒同兮縣。今未詳。軍威縣、本奴同覓縣。(一云如豆覓) 景德王改名。今因之。

開寧郡。古甘文小國也。眞興王十八年。梁永定元年。置軍主爲青州。眞平王時。州廢。文武王元年。置甘文郡。景德王改名。今因之。領縣四。禦侮縣、本今勿縣。(一云陰達) 景德王改名。今因之。金山縣、景德王改州縣名。及今並因之。知禮縣、本知品川縣。景德王改名。今因之。茂豐縣、本茂山縣。景德王改名。今因之。

永同郡、本吉同郡。景德王改名。今因之。領縣二。陽山縣、本助比川縣。景德王改名。今因之。黃澗縣、本召羅縣。景德王改名。今因之。

管城郡、本古尸山郡。景德王改名。今因之。領縣二。利山縣、本所利山縣。景德王改名。今因之。縣眞縣、本阿冬号縣。景德王改名。今安邑縣。

三年郡、本三年山郡。景德王改名。今保齡郡。領縣二。淸川縣、本薩買縣。景德王改名。今因之。耆山縣、本屈縣。景德王改名。今靑山縣。

古寧郡、本古寧加耶國。新羅取之。爲古冬攬郡。（一云古陵縣）景德王改名。今咸寧郡。領縣三。嘉善縣、本加害縣。景德王改名。今加恩縣。冠山縣、本冠縣。（一云冠文縣）景德王改名。今聞慶縣。虎溪縣、本虎側縣。景德王改名。今因之。

化寧郡、本荅達匕郡。（一云沓達）景德王改名。今因之。領縣一。道安縣、本刀良縣。景德王改名。今中牟縣。

良州。文武王五年、麟德二年。割上州下州地。置歃良州。神文王七年。築城。周一千二百六十步。景德王改名良州。今梁州。領縣一。巘陽縣、本居知火縣。景德王改名。今因之。

金海小京、古金官國。（一云伽落國。一云伽耶。）自始祖首露王至十世仇亥王。以梁中大通四年、新羅法興王十九年。率百姓來降。以其地爲金官郡。文武王二十年、永隆元年。爲小京。景德王改名金海京。今金州。

義安郡、本屈自郡。景德王改名。今因之。領縣三。漆隄縣、本漆吐縣。景德王改名。今漆園縣。合浦縣、本骨浦縣。景德王改名。今因之。熊神縣、本熊只縣。景德王改名。今因之。

密城郡、本推火郡。景德王改名。今因之。領縣五。尙藥縣、本西火縣。景德王改名。今靈山縣。密津縣、本推浦縣。（一云竹山）景德王改名。今未詳。烏丘山縣、本烏也山縣。（一云仇道。一云烏禮山）景德王改名。今合屬淸道郡。荊山縣、本驚山縣。景德王改名。今合屬淸道郡。蘇山縣、本率已山縣。景德王改名。今合屬清道郡。

火王郡、本比自火郡。一云比斯伐 眞興王十六年置州。名下州。二十六年。州廢。景德王改名。今昌寧郡。領縣一。玄驍縣、本推良火縣。一云三良火。 景德王改名。今玄豐縣。

壽昌郡 壽一作嘉 本喟火郡。景德王改名。今壽城郡。領縣四。大丘縣、本達句火縣。景德王改名。今因之。八里縣、本八居里縣。一云北耻長里一云仁里 景德王改名。今八居縣。河濱縣、本多斯只縣。一云沓只 景德王改名。今因之。花園縣、本舌火縣。景德王改名。今因之。

獐山郡。祗味王時。伐取押梁 一作督 小國、置郡。景德王改名。今章山郡。領縣三。解顔縣、本雉省火縣。一云美里 景德王改名。今因之。餘粮縣、本麻珍 一作彌 良縣。景德王改名。今仇史部曲。慈仁縣、本奴斯火縣。景德王改名。今因之。

臨臯郡、本切也火郡。景德王改名。今永州。領縣五。長鎭縣、今竹長伊部曲。臨川縣。助賁王時。伐得骨火小國、置縣。景德王改名。今合屬永州。道同縣、本刀冬火縣。景德王改名。今合屬永州。新寧縣、本史丁火縣。景德王改名。今因之。黽白縣、本買熱次縣。景德王改名。今合屬新寧縣。

東萊郡、本居柒山郡。景德王改名。今因之。領縣二。東平縣、本大甑縣。景德王改名。今因之。機張縣。本甲火良谷縣。景德王改名。今因之。

東安郡。本生西良郡。景德王改名。今合屬慶州。領縣一。虞風縣、本于火縣。景德王改名。今合屬蔚州。

臨關郡。本毛火（一作蚊伐）郡。聖德王築城。以遮日本賊路。景德王改名。今合屬慶州。領縣二。東津縣。本栗浦縣。景德王改名。今合屬蔚州。河曲（一作西）縣。婆娑王時。取屈阿火村。置縣。景德王改名。今蔚州。

義昌郡。本退火郡。景德王改名。今興海郡。領縣六。安康縣。本比火縣。景德王改名。今因之。鬐立縣。本只沓縣。景德王改名。今長鬐縣。神光縣。本東仍音縣。景德王改名。今因之。臨汀縣。本斤烏支縣。景德王改名。今迎日縣。杞溪縣。本芼兮縣。（一云化雞）景德王改名。今因之。音汁火縣。婆娑王時。取音汁伐國。置縣。今合屬安康縣。

大城郡。本仇刀城境內。率伊山城。茄山縣。（一云驚山城）烏刀山城等三城。今合屬清道郡。約章縣。本惡支縣。景德王改名。今合屬慶州。東畿停。本毛只停。景德王改名。今合屬慶州。

商城郡。本西兄山郡。景德王改名。今合屬慶州。南畿停。本道品兮停。景德王改名。今合屬慶州。中畿停。本根乃停。景德王改名。今合屬慶州。西畿停。本豆良彌知停。景德王改名。今合屬慶州。北畿停。本雨谷停。景德王改名。今合屬慶州。莫耶停。本官阿良支停。（一云北阿良）景德王改名。今合屬慶州。

康州。神文王五年。唐垂拱元年。分居陁州。置菁州。景德王改名。今晉州。領縣二。嘉壽縣。本加主火縣。景德王改名。今因之。屈村縣。今未詳。

南海郡。神文王初置轉也山郡。海中島也。景德王改名。今因之。領縣二。蘭浦縣。本內浦縣。景德王改名。今因之。平山縣。本平西山縣。（一云西平）景德王改名。今因之。

河東郡。本韓多沙郡。景德王改名。今因之。領縣三。省良縣。今金良部曲。獄陽縣。本小多沙縣。景德王改名。今因之。河邑縣。本浦村縣。景德王改名。今未詳。

固城郡。本古自郡。景德王改名。今因之。領縣三。蚊火良縣。今未詳。泗水縣。本史勿縣。景德王改名。今泗州。尙善縣。本一善縣。景德王改名。今永善縣。

咸安郡。法興王以大兵滅阿尸良國。(一云阿那加耶)以其地爲郡。景德王改名。今因之。領縣二。玄武縣。本召彡縣。景德王改名。今召彡部曲。宜寧縣。本獐含縣。景德王改名。今因之。

巨濟郡。文武王初置裳郡。海中島也。景德王改名。今因之。領縣三。鵝洲縣。本巨老縣。景德王改名。今因之。溟珍縣。本買珍伊縣。景德王改名。今因之。南垂縣。本松邊縣。景德王改名。今復故。

闕城郡。本闕支郡。景德王改名。今江城縣。領縣二。丹邑縣。本赤村縣。景德王改名。今丹溪縣。山陰縣。本知品川縣。景德王改名。今因之。

天嶺郡。本速含郡。景德王改名。今咸陽郡。領縣二。雲峯縣。本母山縣。(或云阿英城或云阿莫城)景德王改名。今因之。利安縣。本馬利縣。景德王改名。今因之。

居昌郡。本居烈郡。(或云居陁)景德王改名。今因之。領縣二。餘善縣。本南內縣。景德王改名。今感陰縣。咸陰縣。本加召縣。景德王改名。今復故。

高靈郡。本大加耶國。自始祖伊珍阿豉王。(一云內珍朱智)至道設智王。凡十六世。五百二十年。眞興大王侵滅之。以其地爲大加耶郡。景德王改名。今因之。領縣二。冶爐縣。本赤火縣。

景德王改名。今因之。新復縣、本加尸兮縣。景德王改名。今未詳。
江陽郡、本大良(一作耶)州郡。景德王改名。今陜州。領縣三。三岐縣、本三支縣。(一云麻杖)景德王改名。今因之。八谿縣、本草八兮縣。景德王改名。今草谿縣。宜桑縣。本辛尒縣。(一云朱烏村 一云泉州縣)景德王改名。今新繁縣。
星山郡、本一利郡。(一云里山郡)景德王改名。今加利縣。領縣四。壽同縣、本斯同火縣。景德王改名。今未詳。谿子縣、本大木縣。景德王改名。今若木縣。新安縣、本本彼縣。景德王改名。今京山府。都山縣、本狄山縣。景德王改名。今未詳。

三國史記卷第三十四

三國史記卷第三十五

輸忠定難靖國賛化同德功臣開府儀同三司檢校太師守太保門下侍中判尚書吏禮部事集賢殿太學士監修國史上柱國致仕臣金富軾奉
宣撰

雜志第四 地理二

漢州、本高句麗漢山郡。新羅取之。景德王改爲漢州。今廣州。領縣二。黃武縣、本高句麗南川縣。新羅幷之。眞興王爲州。置軍主。景德王改名。今利川縣。巨黍縣、本高句麗駒城縣。景德王改名。今龍駒縣。

中原京、本高句麗國原城。新羅平之。眞興王置小京。文武王時築城。周二千五百九十二步。景德王改爲中原京。今忠州。

槐壤郡、本高句麗仍斤內郡。景德王改名。今槐州。

泝一作沂川郡、本高句麗述川郡。景德王改名。今川寧郡。領縣二。黃驍縣、本高句麗骨乃斤縣。景德王改名。今黃驪縣。濱陽縣、本高句麗楊根縣。景德王改名。今復故。

黑壤郡、一云黃壤郡 本高句麗今勿奴郡。景德王改名。今鎭州。領縣二。都西縣、本高句麗道西縣。景德王改名。今道安縣。陰城縣、本高句麗仍忽縣、景德王改名。今因之。

介山郡、本高句麗皆次山郡。景德王改名。今竹州。領縣一。陰竹縣、本高句麗奴音竹縣。景德王改名。今因之。

白城郡、本高句麗奈兮忽。景德王改名。今安城郡。領縣二。赤城縣、本高句麗沙伏忽。景德王改名。今陽城縣。虵山縣、本高句麗縣。景德王因之。今稷山縣。

水城郡、本高句麗買忽郡。景德王改名。今水州。

唐恩郡、本高句麗唐城郡。景德王改名。今復故。領縣二。車城縣、本高句麗上(一作車)忽縣。景德王改名。今龍城縣。振威縣、本高句麗釜山縣。景德王改名。今因之。

栗津郡、本高句麗栗木郡。景德王改名。今菓州。領縣三。穀壤縣、本高句麗仍伐奴縣。景德王改名。今黔州。孔巖縣、本高句麗濟次巴衣縣。景德王改名。今因之。邵城縣、本高句麗買召忽縣。景德王改名。今仁州。(一云慶原買召一作弥鄒。)

獐口郡、本高句麗獐項口縣。景德王改名。今安山縣。

長堤郡、本高句麗主夫吐郡。景德王改名。今樹州。領縣四。戍城縣、本高句麗首尒忽。景德王改名。今守安縣。金浦縣、本高句麗黔浦縣。景德王改名。今因之。童城縣、本高句麗童子忽(一云幢山縣)縣。景德王改名。今因之。分津縣、本高句麗平唯押縣。景德王改名。今通津縣。

漢陽郡、本高句麗北漢山郡。(一云平壤)眞興王爲州。置軍主。景德王改名。今楊州舊墟。領縣二。荒壤縣、本高句麗骨衣奴縣。景德王改名。今豐壤縣。遇王縣、本高句麗皆伯縣。景德王改名。今幸州。

來蘇郡、本高句麗買省縣。景德王改名。今見州。領縣二。重城縣、本高句麗七重縣。景德王改名。今積城縣。波平縣。本高句麗波害平吏縣。景德王改名。今因之。

交河郡、本高句麗泉井口縣。景德王改名。今因之。領縣二。峯城縣、本高句麗述介忽縣。景德王改名。今因之。高烽縣、本高句麗達乙省縣。景德王改名。今因之。

堅城郡、本高句麗馬忽郡。景德王改名。今抱州。領縣二。沙川縣、本高句麗內乙買縣。景德王改名。今因之。洞陰縣、本高句麗梁骨縣。景德王改名。今因之。

鐵城郡、本高句麗鐵圓郡。景德王改名。今東州。領縣二。幢梁縣、本高句麗僧梁縣。景德王改名。今僧嶺縣。功成縣、本高句麗功木達縣。景德王改名。今獐州。

富平郡、本高句麗夫如郡。景德王改名。今金化縣。領縣一。廣平縣、本高句麗斧壤縣。景德王改名。今平康縣。

兔山郡、本高句麗烏斯含達縣。景德王改名。今因之。領縣三。安峽縣、本高句麗阿珍押縣。景德王改名。今因之。朔邑縣、本高句麗所邑豆縣。景德王改名。今朔寧縣。伊川縣、本高句麗伊珍買縣。景德王改名。今因之。

牛峯郡、本高句麗牛岑郡。景德王改名。今因之。領縣三。臨江縣、本高句麗獐項縣。景德王改名。今因之。長湍縣、本高句麗長淺城縣。景德王改名。今因之。臨端縣、本高句麗麻田淺縣。景德王改名。今麻田縣。

松岳郡、本高句麗扶蘇岬。孝昭王三年築城。景德王因之。我太祖開國爲王畿。領縣二。如羆縣、本高句麗若豆耻縣。景德王改名。今松林縣。第四葉　光宗創置佛日寺於其地。移其縣於東北。江陰縣、本高句麗屈押縣。景德王改名。今因之。

開城郡、本高句麗冬比忽。景德王改名。今開城府。領縣二。德水縣、本高句麗德勿縣。景德王改名。今因之。第十一葉　文宗代創置興王寺於其地。移其縣於　南。臨津縣、本高句麗津臨城。景德王改名。今因之。

海口郡、本高句麗穴口郡。在海中。景德王改名。今江華縣。領縣三。江陰縣、本高句麗冬音奈縣。景德王改名。在穴口島內。今河陰縣。喬桐縣、本高句麗高木根縣。海島也。景德王改名。今因之。守鎭縣、本高句麗首知縣。景德王改名。今鎭江縣。

永豐郡、本高句麗大谷郡。景德王改名。今平州。領縣二。檀溪縣、本高句麗水谷城縣。景德王改名。今俠溪縣。鎭湍縣、本高句麗十谷城縣。景德王改名。今谷州。

海皐郡、本高句麗冬彡（一作音）忽郡。景德王改名。今鹽州。領縣一。雊澤縣、本高句麗刀臘縣。景德王改名。今白州。

瀑池郡、本高句麗內米忽郡。景德王改名。今海州。

重盤郡、本高句麗息城郡。景德王改名。今安州。

栖嵒郡、本高句麗鵂嵒郡。景德王改名。今鳳州。

五關郡、本高句麗五谷郡。景德王改名。今洞州。領縣一。獐塞縣、本高句麗縣。景德王因之。今遂安郡。

取城郡、本高句麗冬忽。憲德王改名。今黃州。領縣三。土山縣、本高句麗息達。憲德王改名。今因之。唐嶽縣、本高句麗加火押。憲德王置縣改名。今中和縣。松峴縣、本高句麗夫斯波衣縣。憲德王改名。今屬中和縣。

朔州。賈耽古今郡國志云。句麗之東南。濊之西。古貊地。蓋今新羅北朔州。善德王六年、唐貞觀十一年。爲牛首州。置軍主。(一云文武王十三年、唐咸亨四年。置首若州。) 景德王改爲朔州。今春州。領縣三。綠驍縣、本高句麗伐力川縣。景德王改名。今洪川縣。潢川縣、本高句麗橫川縣。景德王改名。今復故。砥平縣、本高句麗砥峴縣。景德王改名。今因之。

北原京、本高句麗平原郡。文武王置北原小京。神文王五年築城。周一千三十一步。景德王因之。今原州。

奈隄郡、本高句麗奈吐郡。景德王改名。今堤州。領縣二。清風縣、本高句麗沙熱伊縣。景德王改名。今因之。赤山縣、本高句麗縣。景德王因之。今丹山縣。

奈靈郡、本百濟奈已郡。婆娑王取之。景德王改名。今剛州。領縣二。善谷縣、本高句麗買谷縣。景德王改名。今未詳。玉馬縣、本高句麗古斯馬縣。景王改名。今奉化縣。

岋山郡、本高句麗及伐山郡。景德王改名。今興州。領縣一。鄰豐縣、本高句麗伊伐支縣。景德王改名。今未詳。

嘉平郡、本高句麗斤平郡。景德王改名。今因之。領縣一。浚水縣、本高句麗深川縣。景德王改名。今朝宗縣。

楊麓郡、本高句麗楊口郡。景德王改名。今陽溝縣。領縣三。豨蹄縣、本高句麗猪足縣。景德王改名。今麟蹄縣。馳道縣、本高句麗王岐縣。景德王改名。今瑞禾縣。三嶺縣、本高句麗三峴縣。景德王改名。今方山縣。

狼川郡、本高句麗狌川郡。景德王改名。今因之。

大楊郡、本高句麗大楊管郡。景德王改名。今長楊郡。領縣二。藪川縣、本高句麗藪狌川縣。景德王改名。今和川縣。文登縣、本高句麗文峴縣。景德王改名。今因之。

益城郡、本高句麗母城郡。景德王改名。今金城郡。

岐城郡、本高句麗冬斯忽郡。景德王改名。今因之。領縣一。通溝縣、本高句麗水入縣。景德王改名。今因之。

連城郡、本高句麗各（一作客）連城郡。景德王改名。今交州。領縣三。丹松縣、本高句麗赤木鎭。景德王改名。今嵐谷縣。軼雲縣、本高句麗管述縣。景德王改名。今未詳。豨嶺縣、本高句麗猪守峴縣。景德王改名。今未詳。

朔庭郡、本高句麗比列忽郡。眞興王十七年、梁大平元年。爲比列州。置軍主。孝昭王時。築城。周一千一百八十步。景德王改名。今登州。領縣五。瑞谷縣、本高句麗虔谷縣。景德王改名。今因之。蘭山縣、本高句麗昔達縣。景德王改名。今未詳。霜陰縣、本高句麗薩寒縣。景德王改名。今因之。菁山縣、本高句麗加支達縣。景德王改名。今汶山縣。翊谿縣、本高句麗翼谷縣。景德王改名。今因之。

井泉郡本高句麗泉井郡。文武王二十一年取之。景德王改名。築炭項關門。今湧州。領縣三。蒜山縣、本高句麗買尸達縣。景德王改名。今未詳。松山縣、本高句麗夫斯達縣。景德王改名。今未詳。幽居縣、本高句麗東墟縣。景德王改名。今未詳。

溟州、本高句麗河西良。（一作何瑟羅）後屬新羅。賈耽古今郡國志云。今新羅北界溟州。蓋濊之古國。前史以扶餘爲濊地。蓋誤。善德王時爲小京。置仕臣。太宗王五年、唐顯慶三年。以何瑟羅地連靺鞨。罷京爲州。置軍主以鎭之。景德王十六年改爲溟州。今因之。領縣四。旌善縣、本高句麗仍買縣。景德王改名。今因之。棟（一作棟）隄縣、本高句麗東吐縣。景德王改名。今未詳。支山縣、本高句麗縣。景德王因之。今連谷縣。洞山縣、本高句麗穴山縣。景德王改名。今因之。

曲城郡、本高句麗屈火郡。景德王改名。今臨河郡。領縣一。緣（一作椽）武縣、本高句麗伊火兮縣。景德王改名。今安德縣。

野城郡、本高句麗也尸忽郡。景德王改名。今盈德郡。領縣二。眞安縣、本高句麗助攬縣景德王改名。今甫城府。積善縣、本高句麗青已縣。景德王改名。今青鳧縣。

有鄰郡、本高句麗于尸郡。景德王改名。今禮州。領縣一。海阿縣、本高句麗阿兮縣。景德王改名。今清河縣。

蔚珍郡、本高句麗于珍也縣。景德王改名。今因之。領縣一。海曲一作西縣、本高句麗波且縣。景德王改名。今未詳。

奈城郡、本高句麗奈生郡。景德王改名。今寧越郡。領縣三。子春縣、本高句麗乙阿旦縣。景德王改名。今永春縣。白烏縣、本高句麗郁烏縣。景德王改名。今平昌縣。酒泉縣、本高句麗酒淵縣。景德王改名。今因之。

三陟郡、本悉直國。婆娑王世來降。智證王六年、梁天監四年爲州。以異斯夫爲軍主。景德王改名。今因之。領縣四。竹嶺縣、本高句麗竹峴縣。景德王改名。今未詳。滿卿一作鄕縣、本高句麗滿若縣。景德王改名。今未詳。羽谿縣、本高句麗羽谷縣。景德王改名。今因之。海利縣、本高句麗波利縣。景德王改名。今未詳。

守城郡、本高句麗迓城郡。景德王改名。今扞城縣。領縣二。童山縣、本高句麗僧山縣。景德王改名。今烈山縣。翼嶺縣、本高句麗翼峴縣。景德王改名。今因之。

高城郡、本高句麗達忽。眞興王二十九年。爲州置軍主。景德王改名。今因之。領縣二。豢猳縣本高句麗猪迓穴縣。景德王改名。今因之。偏嶮縣、本高句麗平珍峴縣。景德王改名。今雲巖縣。

金壤郡、本高句麗休壤郡。景德王改名。今因之。領縣五。習谿縣、本高句麗習比谷縣。景德王改名。今歙谷縣。隄上縣、本高句麗吐上縣。景德王改名。今碧山縣。臨道縣、本高句麗道臨縣。景德王改名。今因之。派川縣、本高句麗改淵縣。景德王改名。今因之。鶴浦縣、高句麗鵠浦縣。景德王改名。今因之。

三國史記卷第三十五

三國史記卷第三十六

輸忠定難靖國贊化同德功臣開府儀同三司檢校太師守太保門下侍中判尙書吏禮部事集賢殿太學士監修國史上柱國致仕臣金富軾奉
宣撰

雜志第五　地理三

熊州、本百濟舊都。唐高宗遣蘇定方平之。置熊津都督府。新羅文武王取其地有之。神文王改爲熊川州。置都督。景德王十六年。改名熊州。今公州。領縣二。尼山縣、本百濟熱也山縣。景德王改名。今因之。清音縣、本百濟伐音支縣。景德王改名。今新豐縣。

西原京。神文王五年。初置西原小京。景德王改名西原京。今清州。

大麓郡、本百濟大木岳郡。景德王改名。今木州。領縣二。馴雉縣、本百濟甘買縣。景德王改名。今豐歲縣。金池縣、本百濟仇知縣。景德王改名。今全義縣。

嘉林郡、本百濟加林郡。景德王改加爲嘉。今因之。領縣二。馬山縣、本百濟縣。景德王改州郡名。及今並因之。翰山縣、本百濟大山縣。景德王改名。今鴻山縣。

西林郡、本百濟舌林郡。景德王改名。今因之。領縣二。藍浦縣、本百濟寺浦縣。景德王改名。今因之。庇仁縣、本百濟比衆縣。景德王改名。今因之。

伊山郡、本百濟馬尸山郡。景德王改名。今因之。領縣二。目牛縣、本百濟牛見縣。景德王改名。今未詳。今武縣、本百濟今勿縣。景德王改名。今德豐縣。

槥城郡、本百濟槥郡。景德王改名。今因之。領縣三。唐津縣、本百濟伐首只縣。景德王改名。今因之。餘邑縣、本百濟餘村縣。景德王改名。今餘美縣。新平縣、本百濟沙平縣。景德王改名。今因之。

扶餘郡、本百濟所夫里郡。唐將蘇定方與庾信平之。文武王十二年。置摠管。景德王改名。今因之。領縣二。石山縣、本百濟珍惡山縣。景德王改名。今石城縣。悅城縣、本百濟悅已縣。景德王改名。今定山縣。

任城郡、本百濟任存城。景德王改名。今大興郡。領縣二。青正縣、本百濟古良夫里縣。景德王改名。今青陽縣。孤山縣、本百濟烏山縣。景德王改名。今禮山縣。

黃山郡、本百濟黃等也山郡。景德王改名。今連山縣。領縣二。鎭嶺縣、本百濟眞峴縣。眞一作貞景德王改名。今鎭岑縣。珍同縣、本百濟縣。景德王改州郡名。及今並因之。

比豐郡、本百濟雨述郡。景德王改名。今懷德郡。領縣二。儒城縣、本百濟奴斯只縣。景德王改名。今因之。赤烏縣、本百濟所比浦縣。景德王改名。今德津縣。

潔城郡、本百濟結己郡。景德王改名。今因之。領縣二。新邑縣、本百濟新村縣。景德王改名。今保寧縣。新良縣、本百濟沙尸良縣。景德王改名。今黎陽縣。

燕山郡、本百濟一牟山郡。景德王改名。今因之。領縣二。燕岐縣、本百濟豆仍只縣。景德王改名。今因之。昧谷縣、本百濟未谷縣。景德王改名。今懷仁縣。

富城郡、本百濟基郡。景德王改名。今因之。領縣二。蘇泰縣、本百濟省大兮縣。景德王改名。今因之。地育縣、本百濟知六縣。景德王改名。今北谷縣。

湯井郡、本百濟郡。文武王十一年、唐咸亨二年。爲州置摠管。咸亨十二年。廢州爲郡。景德王因之。今溫水郡。領縣二。陰峯一云陰岑縣、本百濟牙述縣。景德王改名。今牙州。祁梁縣本百濟屈直縣。景德王改名。今新昌縣。

全州、本百濟完山。眞興王十六年。爲州。二十六年。州廢。神文王五年。復置完山州。景德王十六年改名。今因之。領縣三。杜城縣、本百濟豆伊縣。景德王改名。今伊城縣。金溝縣本百濟仇知只山縣。景德王改名。今因之。高山縣、本百濟縣。景德王改州郡名。及今因之。

南原小京、本百濟古龍郡。新羅幷之。神文王五年。初置小京。景德王十六年。置南原小京。今南原府。

大山郡、本百濟大尸山郡。景德王改名。今泰山郡。領縣三。井邑縣、本百濟井村。景德王改名。今因之。斌城縣。本百濟賓屈縣。景德王改名。今仁義縣。野西縣、本百濟也西伊縣。景德王改名。今巨野縣。

古阜郡、本百濟古眇夫里郡。景德王改名。今因之。領縣三。扶寧縣、本百濟皆火縣。景德王改名。今因之。喜安縣、本百濟欣良買縣。景德王改名。今保安縣。尙質縣、本百濟上柒縣。景德王改名。今因之。

進禮郡、本百濟進仍乙郡。景德王改名。今因之。領縣三。伊城縣、本百濟豆尸伊縣。景德王改名。今富利縣。清渠縣、本百濟勿居縣。景德王改名。今因之。丹川縣、本百濟赤川縣。景德王改名。今朱溪縣。

德殷郡、本百濟德近郡。景德王改名。今德恩郡。領縣三。市津縣、本百濟加知奈縣。景德王改名。今因之。礪良縣、本百濟只良肖縣。景德王改名。今因之。雲梯縣、本百濟只伐只縣。景德王改名。今因之。

臨陂郡、本百濟屎山郡。景德王改名。今因之。領縣三。咸悅縣、本百濟甘勿阿縣。景德王改名。今因之。沃溝縣、本百濟馬西良縣。景德王改名。今因之。澮尾縣、本百濟夫夫里縣。景德王改名。今因之。

金堤郡、本百濟碧骨縣。景德王改名。今因之。領縣四。萬頃縣、本百濟豆乃山縣。景德王改名。今因之。平皐縣、本百濟首冬山縣。景德王改名。今因之。利城縣、本百濟乃利阿縣。景德王改名。今因之。武邑縣、本百濟武斤村縣。景德王改名。今富潤縣。

淳化郡(淳一作渟)本百濟道實郡。景德王改名。今淳昌縣。領縣二。磧城縣、本百濟礫坪縣。景德王改名。今因之。九皐縣、本百濟埃▲坪縣。景德王改名。今因之。

金馬郡、本百濟金馬渚郡。景德王改名。今因之。領縣三。沃野縣、本百濟所力只縣。景德王改名。今因之。野山縣、本百濟閼也山縣。景德王改名。今朗山縣。紆洲縣、本百濟于召渚縣。景德王改名。今紆州。

壁谿郡、本百濟伯伊(一作海)郡。景德王改名。今長溪縣。領縣二。鎭安縣、本百濟難珍阿縣。景德王改名。今因之。高澤縣、本百濟雨坪縣。景德王改名。今長水縣。

任實郡、本百濟郡。景德王改州郡名。及今並因之。領縣二。馬靈縣、本百濟馬突縣。景德王改名。今因之。青雄縣、本百濟居斯勿縣。景德王改名。今巨寧縣。

武州、本百濟地。神文王六年。爲武珍州。景德王改爲武州。今光州。領縣三。玄雄縣、本百濟未冬夫里縣。景德王改名。今南平郡。龍山縣、本百濟伏龍縣。景德王改名。今復故。祁陽縣、本百濟屈支縣。景德王改名。今昌平縣。

分嶺郡、本百濟分嵯郡。景德王改名。今樂安郡。領縣四。忠烈縣、本百濟助助禮縣。景德王改名。今南陽縣。兆陽縣、本百濟冬老縣。景德王改名。今因之。薑原縣、本百濟豆肹縣。景德王改名。今荳原縣。栢舟縣、本百濟比史縣。景德王改名。今泰江縣。

寶城郡、本百濟伏忽郡。景德王改名。今因之。領縣四。代勞縣、本百濟馬斯良縣。景德王改名。今會寧縣。季水縣、本百濟季川縣。景德王改名。今長澤縣。烏兒縣、本百濟烏次縣。景德王改名。今定安縣。馬邑縣、本百濟古馬旀知縣。景德王改名。今遂寧縣。

秋成郡、本百濟秋子兮郡。景德王改名。今潭陽郡。領縣二。玉菓縣、本百濟菓支縣。景德王改名。今因之。栗原縣、本百濟栗支縣。景德王改名。今原栗縣。

靈巖郡，本百濟月奈郡，景德王改名，今因之。

潘南郡，本百濟半奈夫里縣，景德王改名，今因之。領縣二。野老縣，本百濟阿老谷縣，景德王改名，今安老縣。昆湄縣，本百濟古彌縣，景德王改名，今因之。

岬城郡，本百濟古尸伊縣，景德王改名，今長城郡。領縣二。珍原縣，本百濟丘斯珍芳縣，景德王改名，今因之。森溪縣，本百濟所非芳縣，景德王改名，今因之。

武靈郡，本百濟武尸伊郡，景德王改名，今靈光郡。領縣三。長沙縣，本百濟上老縣，景德王改名，今因之。高敞縣，本百濟毛良夫里縣，景德王改名，今因之。茂松縣，本百濟松彌知縣，景德王改名，今因之。

昇平郡，本百濟歃平郡，景德王改名，今因之。一云昇州。領縣三。海邑縣，本百濟猿村縣，景德王改名，今麗水縣。晞陽縣，本百濟馬老縣，景德王改名，今光陽縣。盧山縣，本百濟突山縣，景德王改名，今復故。

谷城郡，本百濟欲乃郡，景德王改名，今因之。領縣三。富有縣，本百濟遁支縣，景德王改名，今因之。求禮縣，本百濟仇次禮縣，景德王改名，今因之。同福縣，本百濟豆夫只縣，景德王改名，今因之。

陵城郡，本百濟尒陵夫里郡，景德王改名，今因之。領縣二。富里縣，本百濟波夫里郡，景德王改名，今福城縣。汝湄縣，本百濟仍利阿縣，景德王改名，今和順縣。

錦山郡，本百濟發羅郡，景德王改名，今羅州牧。領縣三。會津縣，本百濟豆肹縣，景德王改名。今因之。鐵冶縣、本百濟實於山縣。景德王改名。今因之。艅艎縣、本百濟水川縣。景德王改名。今因之。

陽武郡、本百濟道武郡。景德王改名。今道康郡。領縣四。固（一作同）安縣。本百濟古西伊縣。景德王改名。今竹山縣。耽津縣、本百濟冬音縣。景德王改名。今因之。浸溟縣、本百濟塞琴縣。景德王改名。今海南縣。黃原縣、本百濟黃述縣。景德王改名。今因之。

務安郡、本百濟勿阿兮郡。景德王改名。今因之。領縣四。咸豐縣、本百濟屈乃縣。景德王改名。今因之。多岐縣、本百濟多只縣。景德王改名。今牟平縣。海際縣、本百濟道際縣。景德王改名。今因之。珍島縣。本百濟因珍島郡。景德王改名。今因之。

牢山郡、本百濟徒山縣。景德王改名。今嘉興縣。領縣一。瞻耽縣、本百濟買仇里縣。景德王改名。今臨淮縣。

壓海郡、本百濟阿次山縣。景德王改名。今因之。領縣三。碣島縣、本百濟阿老縣。景德王改名。今六昌縣。鹽海縣、本百濟古祿只縣。景德王改名。今臨淄縣。安波縣、本百濟居知山縣。（居一作屈）景德王改名。今長山縣。

三國史記卷第三十六

三國史記卷第三十七

輸忠定難靖國贊化同德功臣開府儀同三司檢校太師守太保門下侍中判尙書吏禮部事集賢殿大學士監修國史上柱國致仕臣金富軾奉
宣撰

雜志第六 地理四 高句麗 百濟

按通典云。朱蒙以漢建昭二年。自北扶餘東南行。渡普述水。至紇升骨城居焉。號曰句麗。以高爲氏。古記云。朱蒙自扶餘逃難至卒本。則紇升骨城、卒本似一處也。漢書志云。遼東郡。距洛陽三千六百里。屬縣有無慮。則周禮北鎭醫巫閭山也。大遼於其下置醫州。玄菟郡。距洛陽東北四千里。所屬三縣。高句麗是其一焉。則所謂朱蒙所都紇升骨城、卒本者。蓋漢玄菟郡之界。大遼國東京之西。漢志所謂玄菟屬縣高句麗是歟。昔大遼未亡時。遼帝在燕景。則吾人朝聘者。過東京涉遼水。一兩日行至醫州。以向燕薊。故知其然也。自朱蒙立都紇升骨城。歷四十年。孺留王二十二年。移都國內城。或云尉那巖城。或云不而城。

按漢書。樂浪郡屬縣有不而。又總章二年。英國公李勣奉勅。以高句麗諸城置都督府及州縣。目錄云。鴨淥以北已降城十一。其一國內城。從平壤至此十七驛。則此城亦在北朝境內。但不知其何所耳。都國內。歷四百二十五年。長壽王十五年。移都平壤。歷一百五十六年。平原王二十八年。移都長安城。歷八十三年。寶臧王二十七年而滅。古人記錄。自始祖朱蒙王至寶臧王歷年。丁寧纖悉若此。而或云。故國原王十三年。移居平壤東黃城。城在今西京東木覓山中。不可知其然否。平壤城似今西京。而浿水則大同江是也。何以知之。唐書云。平壤城。漢樂浪郡也。隨山屈繚爲郛。南涯浿水。又志云。登州東北海行。南傍海壖。過浿江口、椒島。得新羅西北。又隋煬帝東征詔曰。滄海道軍。舟艫千里。高帆電逝。巨艦雲飛。橫絕浿江。遙造平壤。以此言之。今大同江爲浿水明矣。則西京之爲平壤。亦可知矣。唐書云。平壤城亦謂長安。而古記云。自平壤移長安。則二城同異遠近。則不可知矣。高句麗始居中國北地。則漸東遷于浿水之側。渤海人武藝曰。昔高麗盛時。士三十萬。抗唐爲敵。則可謂地勝而兵強。至于季末。君臣昏虐失道。大唐再出師。新羅援助。討平之。其地多入渤海靺鞨。新羅亦得其南境。以置漢、朔、溟三州及其郡縣。以備九州焉。

漢山州　國原城一云未乙省一云託長城　南川縣一云南買　駒城一云滅烏　仍斤內郡

述川郡一云省知買　骨乃斤縣　楊根縣一云去斯斬　今勿內郡一云萬弩　道西縣一云都盆

仍忽　皆次山郡　奴音竹縣　奈兮忽　抄伏忽

蚓山縣　買忽一云水城　唐城郡　上忽一云車忽　釜山縣一云松村活達

栗木郡一云冬斯肹　仍伐奴縣　齊次巴衣縣　買召忽縣一云彌鄒忽

獐項口縣一云古斯也忽次　主夫吐郡　首尒忽　黔浦縣　童子忽縣一云仇斯波衣

平淮押縣一云別史波衣、淮一作唯
北漢山郡一云平壤
骨衣內縣
王逢縣一云皆伯。漢氏美女迎安臧王之地。故名王迎。

買省郡一云馬忽
七重縣一云難隱別
波害平史縣一云額
泉井口縣一云於乙買串
述介忽縣一云首泥忽

達乙省縣漢氏美女於高山頭點烽火。迎安臧王之處。故後名高烽。
臂城郡一云馬忽
內乙買一云內介米
鐵圓郡一云毛乙冬非

梁骨縣
僧梁縣一云非勿
功木達一云熊閑山
夫如郡
於斯內縣一云斧壤

烏斯含達
阿珍押縣一云窮嶽
所邑豆縣
伊珍買縣
牛岑郡一云牛嶺、一云首知衣

獐項縣一云古斯也忽次
長淺城縣一云耶耶、一云夜牙
麻田淺縣一云泥沙波忽
扶蘇岬
若只頭恥縣一云朔頭、一云衣頭

屈於押一云紅西
冬比忽
德勿縣
津臨城縣一云烏阿忽
穴口郡一云甲比古次

冬音奈縣一云休陰
高木根縣一云達乙斬
首知縣一云新知
大谷郡一云多知忽
水谷城縣一云買旦忽

十谷縣一云德頓忽
冬音忽一云豉鹽城
刀臘縣一云雉嶽城
五谷郡一云弓次云忽
內米忽一云池城、一云長城

漢城郡一云漢忽、一云息城、一云乃忽
鵂鶹城一云租波衣、一云鵂巖郡
獐塞縣一云古所於
冬忽一云于冬於忽
今達一云薪達、一云息達

仇乙峴一云屈遷、今豐州
闕口、今儒州
栗口一云栗川、今殷栗縣
長淵、今因之
麻耕伊、今青松縣

楊岳、今安嶽郡
板麻串、今嘉禾縣
熊閑伊、今水寧縣
甕遷、今甕津縣
付珍伊、今永康縣

鵠島、今白嶺鎭
升山、今信州
加火押
夫斯波衣縣一云仇史峴

牛首州首一作頭。一云首次若。一云烏根乃
伐力川縣
橫川縣一云於斯買
砇峴縣

平原郡一云北原
奈吐郡一云大提
沙熱伊縣
赤山縣
斤平郡一云並平

深川縣一云伏斯買
楊口郡一云要隱忽次
猪足縣一云烏斯迴
王岐縣一云皆次丁
三峴縣一云密波兮

狌川郡一云也尸買
大楊管郡一云馬斤押
買谷縣
古斯馬縣
及伐山郡

伊伐支縣 一云自伐支
藪狌川縣 一云藪川
文峴縣 一云斤尸波兮
母城郡 一云也次忽
冬斯忽
水入縣 一云買伊縣
客連郡 客一作各一云加兮牙
赤木縣 一云沙非斤乙
管述縣
猪闌峴縣 一云烏生波衣一云猪守
淺城郡 一云比烈忽
原谷縣 一云首乙呑
菁達縣 一云昔達
薩寒縣
加支達縣
於支呑 一云翼谷
買尸達
泉井郡 一云於乙買
夫斯達縣
東墟縣 一云加知斤
奈生郡
乙阿且縣
于烏縣 一云郁烏
酒淵縣
何瑟羅州 一云河西良一云河西
乃買縣
東吐縣
支山縣
穴山縣
迸城郡 一云加阿忽
僧山縣 一云所勿達
翼峴縣 一云伊文縣
達忽
猪迸穴縣 一云烏斯押
平珍峴縣 一云平珍波衣
道臨縣 一云助乙浦
休壤郡 一云金惱
習比谷 一作呑
吐上縣
岐淵縣
鵠浦縣 一云古衣浦
竹峴縣 一云奈生於
滿若縣 一云沔兮
波利縣
于珍也郡
波且縣 一云波豐
也尸忽郡
助攬郡 一云才攬
青巳縣
屈火縣
伊火兮縣
于尸郡
阿兮縣
悉直郡 一云史直
羽谷縣

右高句麗州郡縣、共一百六十四。其新羅改名及今名。見新羅志。

百濟

後漢書云。三韓凡七十八國。百濟是其一國焉。北史云。百濟東極新羅。西南俱限大海。北際漢江。其都曰居拔城。又云固麻城。其外更有五方城。通典云。百濟南接新羅。北距高麗。西限大海。舊唐書云。百濟扶餘之別種。東北新羅。西渡海至越州。南渡海至倭。北高麗。其王所居有東西兩城。新唐書云。百濟西界越州。南倭。皆踰海。北高麗。按古典記。東明王第三子溫祚。以前漢鴻嘉三年癸卯。自卒本扶餘至慰禮城。立都稱王。歷三百八十九年。至十三世近肖古王。取高句麗南平壤。都漢城。歷一百五年。至二十二世文周王。移都熊川。歷六十三年。至二十六世聖王。移都所夫里。國號南扶餘。至三十一世義慈王。歷年一百二十二。至唐顯慶五年、是義慈王在位二十年。新羅庾信與唐蘇定方討平之。舊有五部。分統三十七郡、二百城、七十六萬戶。唐以其地。分置熊津、馬韓、東明等五都督府。仍以其酋長爲都督府刺史。未幾。新羅盡幷其他。置熊、全、武三州及諸郡縣。與高句麗南境及新羅舊地爲九州。

熊川州（一云熊津） 熱也山縣 伐音支縣 西原（一云臂城一云子谷） 大木岳郡
北買縣（一云林川） 仇知縣 加林郡 馬山縣 大山縣
古林郡 寺浦縣 比衆縣 馬尸山郡 牛見縣
今勿縣 構郡 伐首只縣 餘村縣 沙平縣
所夫里郡（一云泗沘） 珍惡山縣 悅己縣（一云豆陵尹城。一云豆串城。一云尹城。） 任存城
古良夫里縣 烏山縣 黃等也山郡 眞峴縣（一云貞峴） 珍洞縣
雨述郡 奴斯只縣 所比浦縣 結已郡 新村縣
沙尸良縣 一牟山郡 豆仍只縣 未谷縣 基郡
省大兮縣 知六縣 湯井郡 牙述縣 屈旨縣（一云屈直）

完山一云比斯伐一云比自火　豆伊縣一云往武　仇智山縣　高山縣　南原一云古龍郡
大尸山郡　井村縣　賓屈縣　也西伊縣　古沙夫里郡
皆火縣　欣良買縣　上柒縣　進乃郡一云進仍乙　豆尸伊縣一云富尸伊
勿居縣　赤川縣　德近郡　加知奈縣一云加乙乃　只良肖縣
共伐共縣　屎山郡一云折文　甘勿阿縣　馬西良縣　夫夫里縣
碧骨郡　豆乃山縣　首冬山縣　乃利阿縣　武斤縣
道實郡　礫坪縣　堗坪縣　金馬渚郡　所力只縣
閼也山縣　干召渚縣　伯海郡一云伯伊　難珍阿縣　雨坪縣
任實郡　馬突縣一云馬珍　居斯勿縣
武珍州一云奴只　未冬夫里縣　伏龍縣　屈支縣　分嵯郡一云夫沙
助助禮縣　冬老縣　豆肹縣　比史縣　伏忽郡
馬斯良縣　季川縣　烏次縣　古馬彌知縣　秋子兮郡
菓支縣一云菓兮　栗支縣　月奈郡　半奈夫里縣　阿老谷縣
古彌縣　古尸伊縣　丘斯珍兮縣　所非兮縣　武尸伊郡
上老縣　毛良夫里縣　松彌知縣　欿平郡一云武平　猿村縣
馬老縣　突山縣　欲乃郡　遁支縣　仇次禮縣
豆夫只縣　尒陵夫里郡一云竹樹夫里一云仁夫里　波夫里郡　仍利阿縣一云海濱

發羅郡　豆肹縣　實於山縣　水川縣一云水入伊　道武郡
古西伊縣　冬音縣　塞琴縣一云捉濱　黃述縣　勿阿兮郡
屈乃縣　多只縣　道際縣一云陰海　因珍島郡海島也　徒山縣海島也。或云猿山。
買仇里縣海島也　阿次山郡　葛草縣一云何老一云谷野　古祿只縣一云開要　居知山縣一云安陂
奈已郡

右百濟州郡縣。共一百四十七。其新羅改名及今名。見新羅志。

三國有名未詳地分

調駿鄉　神鶴村　翔鸞村　對仙宮　鳳庭村　飛龍村　飼龍鄉
接仙鄉　敬仁鄉　好禮鄉　積善鄉　守義鄉　斷金鄉　海豐鄉
北溟鄉　麗金成　接靈鄉　河清鄉　江寧鄉　咸寧鄉　馴雉鄉
建節鄉　救民鄉　鐵山鄉　金川鄉　睦仁鄉　靈池鄉　永安鄉
武安鄉　富平鄉　穀成鄉　密雲鄉　宜祿鄉　利人鄉　賞仁鄉
封德鄉　歸德鄉　永豐鄉　律功鄉　龍橋鄉　臨川鄉　海洲成
江陵鄉　鐵求鄉　江南鄉　河東鄉　激瀾鄉　露均成　永壽成
寶劒成　岳陽成　萬壽成　濯錦成　河曲成　岳南成　推畔成
進錦成　澗水成　傍海成　萬年鄉　飲仁鄉　通路鄉　懷信鄉
江西鄉　利上鄉　抱忠鄉　連嘉鄉　天露鄉　漢寧成　會昌宮

邀仙宮　北海通　鹽池通　東海通　海南通　北傜通　末康成
屑氣成　奉天成　麦定成　萊遠城　萊津成　乾門驛　坤門驛
坎門驛　艮門驛　兌門驛　大岾城　岱山郡　栝彌縣　北隈郡
非惱城　瓢川縣　皐夷島　泉州　冷井縣　慰禮城　比只國
南新縣　腰車城　沙道城　骨火國　馬頭柵　槐谷城　長峯鎭
獨山城　活開城　芼老城　廣石城　坐羅城　狐鳴城　刀耶城
狐山城　臨海鎭　長嶺鎭　牛山城　泥里彌城　實珍城　德骨城
大林城　伐音城　株山城　多伐國　近嵒城　靳督城　假岑城
党項城　石吐城　富山城　阿旦城　缶羅城　耳山城　甘勿城
桐岑城　骨平城（一云骨爭）　蓬咸城　西谷城　勿伐城　小陁城　畏石城
泉山城　雍岑城　獨母城　缶谷城　西單城　△彌猴城　櫻岑城
岐岑城　旗懸城　宂柵城　蛙山城　濕水　龍馬　猪岳
祋山　直朋　達伐　柔山　木出島　狗壤　大丘
沙峴　熊谷　風島　斧峴　狼山　叢山　安北河
泊灼城　蓋馬國　句茶國　華麗城　藻那國　赫炸鎭　椸廬城
加尸城　石城　水口城　卑倉城　蓋牟城　沙卑城　牛山城
道薩城　白嵒城　建安城　蒼嵒城　辱夷城　松讓國　荇人國

横山	白水山	迦葉原	東牟河	優渤水	淹淲水或云蓋斯水	沸流水
薩水	毛屯谷	鶻嶺	龍山	鶻川	涼谷	箕山
長屋澤	易山	礪津	尉中林	烏骨	沙勿澤	貴湍水
安地	薩賀水	矛川	馬嶺	鶴盤嶺	馬邑山	王骨嶺
豆谷	骨句川	理勿林	車廻谷	曷思水	椽耶部	北溟山
閔中原	慕本	罽山	倭山	蚕支落	平儒原	狗山瀨
坐原	質山	故國谷	左勿村	故國原	裴嶺	酒桶村
巨谷	青木谷	杜訥河	柴原	箕丘	中川	海谷
西川	鵠林	烏川	水室村	思收村	烽山	候山
美川	斷熊谷	馬首山	長城	磨米山	銀山	後黃
嬰留山	小獸林	禿山	武厲邏	大斧峴	馬首城	瓶山柵
普述水	烽峴	禿山柵	狗川柵	走壤城	石頭城	高木城
圓山城	錦峴城	大豆山城	牛谷城	横岳	犬牙城	赤峴城
沙道城	德安城	寒泉	釜山	石川	狗原	八押城
關彌城	石峴城	雙峴城	沙口城	斗谷	耳山城	牛鳴谷
沙井城	馬浦村	長嶺城	加弗城	葦川	狐山	穴城
獨山城	金峴城	角山城	松山城	赤嵒城	生草原	馬川城

沉峴　眞都城　高爵府　葛嶺　支羅城或云周留城　大山柵　都里阿

崇山　張吐野　絕影山　淸津　遺鳳岊　大陸　泝隴

鳧栖島　鳳澤　龍丘　連城原　浮雲島　天馬山　海濱島

坙中島　玉塞　連峯　叢林　升天島　乘黃島　八駿山

絕羣山　求麟島　負圖島　吐景山　河精島　遊氣山　平原

大澤　騏驎澤　躡景山　金穴　蘭池　西極山　浦陽丘

鐵伽山　桃林　石礫山　瑞驎苑　麓苑　沙苑　風達郡

曰上郡

總章二年二月。前司空兼太子大師英國公李勣等奏稱。奉　勅高麗諸城堪置都督府及州郡者。宜共男生商量准擬奏聞件狀如前。　勅。依奏。其州郡應須隸屬。宜委遼東道安撫使兼右相劉仁軌。遂便穩分割。仍摠隸安東都護府。

鴨淥水以北未降十一城。　北扶餘城州、本助利非西。　節城、本蕪子忽。　豐夫城、本肖巴忽。　新城州、本仇次忽。或云敦城　桃城、本波尸忽。　大豆山城、本非達忽。　遼東城州、本烏列忽。　屋城州。　白石城。　多伐嶽州。　安市城、舊安寸忽。或云丸都城

鴨淥水以北已降城十一。　椋嵒城。　木底城。　藪口城。　南蘇城。　甘勿主城、本甘勿伊忽。　麥田谷城。　心岳城、本居尸押。　國內州。一云不耐。或云尉那嵒城。　屑夫婁城、本肖利巴利忽。　杇岳城、本骨尸押。　櫟木城。

鴨淥以北逃城七。鈆城、本乃勿忽。面岳城。牙岳城、本皆尸押忽。鷲岳城、本甘弥忽。積利城、本赤里忽。木銀城、本召尸忽。犁山城、本加尸達忽。

鴨淥以北打得城三。穴城、本甲忽。銀城、本折忽。似城、本史忽。

都督府。一十三縣。嵎夷縣。神丘縣。尹城縣、本悅已。麟德縣、本古良夫里。散昆縣、本新村。安遠縣、本仇尸波知。賓汶縣、本比勿。歸化縣、本麻斯良。邁羅縣。甘蓋縣、本古莫夫里。奈西縣、本奈西兮。得安縣、本德近支。龍山縣、本古麻山。

東明州。四縣。熊津縣、本熊津村。鹵辛縣、本阿老谷。久遲縣、本仇知。富林縣、本伐音村。

支潯州。九縣。已汶縣、本今勿。支潯縣、本只彡村。馬津縣、本孤山。子來縣、本夫首只。解禮縣、本皆利伊。古魯縣、本古麻只。平夷縣本知留。珊瑚縣、本沙好薩。隆化縣、本居斯勿。

魯山州。六縣。魯山縣、本甘勿阿。唐山縣、本仇知只山。淳遲縣、本豆尸。支牟縣、本只馬馬只。烏蚕縣、本馬知沙。阿錯縣、本源村。

古四州、本古沙夫里。五縣。平倭縣、本古沙夫村。帶山縣、本大尸山。辟城縣、本辟骨。佐贊縣、本上杜。淳牟縣、本豆奈只。

沙泮州、本号尸伊城。四縣。牟支縣、本号尸伊村。無割縣、本毛良夫里。佐魯縣、本上老。多支縣、本夫只。

帶方州、本竹軍城。六縣。　至留縣、本知留。　軍那縣、本屈奈。　徒山縣、本抽山。　半那縣、本半奈夫里。　竹軍縣、本豆肹。　布賢縣、本巴老彌。
分嵯州、本波知城。四縣。　貴旦縣、本仇斯珍兮。　首原縣、本買省坪。　皐西縣、本秋子兮。　軍支縣。
賈躭古今郡國志云。渤海國南海、鴨淥、扶餘、柵城四府。並是高句麗舊地也。自新羅泉井郡至柵城府。凡三十九驛。

三國史記卷第三十七

三國史記卷第三十八

輸忠定難靖國贊化同德功臣開府儀同三司檢校太師守太保門下侍中判尚書吏禮部事集賢殿大學士監修國史上柱國致仕臣金富軾奉
宣撰

雜志第七 職官上

新羅官號。因時沿革。不同其名言。唐夷相雜。其曰侍中、郎中等者。皆唐官名。其義若可考。曰伊伐飡、伊飡等者。皆夷言。不知所以言之之意。當初之施設。必也職有常守。位有定員。所以辨其尊卑。待其人才之大小。世久文記缺落。不可得覈考而周詳。觀其第二南解王。以國事委任大臣。謂之大輔。第三儒理王設位十七等。自是之後。其名目繁多。今採其可考者。以著于篇。

大輔。南解王七年以脫解爲之。儒理王九年置十七等。一曰伊伐飡。(或云伊罰干。或云于伐飡。或云角干。或云角粲。或云舒發翰。或云舒弗邯。)二曰伊尺飡。(或云伊飡。)三曰迊飡。(或云迊判。或云蘇判。)四曰波珍飡。(或云海干。或云破彌干。)五曰大阿飡。從此至伊伐飡。唯眞骨受之。他宗則否。六曰阿飡。(或云阿尺干。或云阿粲。)自重阿飡至四重阿飡七曰一吉飡。(或云乙吉干。)八曰沙飡。(或云薩飡。或云沙咄干。)九曰級伐飡。(或云級飡。或云及伏干。)十曰大奈麻。(或云大奈末。)

自重奈麻至九重奈麻。十一曰奈麻。(或云奈末。)自重奈麻至七重奈麻。十二曰大舍。(或云韓舍。)十三曰舍知。(或云小舍。)十四曰吉士。(或云稽知。或云吉次。)十五曰大烏。(或云大烏知。)十六曰小烏。(或云小烏知。)十七曰造位。(或云先沮知。)

上大等。(或云上臣。)法興王十八年始置。

大角干。(或云大舒發翰。)太宗王七年滅百濟論功。授大將軍金庾信大角干。於前十七位之上加之。非常位也。

太大角干。(或云太大舒發翰。)文武王八年滅高句麗。授留守金庾信以太大角干。賞其元謀也。於前十七位及大角干之上加此位。以示殊尤之禮。

執事省。本名稟主。(或云祖主。)眞德王五年改爲執事部。興德王四年又改爲省。中侍一人。眞德王五年置。景德王六年改爲侍中。位自大阿飡至伊飡爲之。典大等二人。眞興王二十六年置。景德王六年改爲侍郎。位自奈麻至阿飡爲之。大舍二人。眞平王十一年置。景德王十八年改爲郎中。(一云眞德王五年改。)位自舍知至奈麻爲之。舍知二人。神文王五年置。景德王十八年改爲員外郎。恭惠王十二年復稱舍知。位自舍知至大舍爲之。史十四人。文武王十□年加六人。景德王改爲郎。惠恭王復稱史。位自先沮知至大舍爲之。

兵部。令一人。法興王三年始置。眞興王五年加一人。太宗王六年又加一人。位自大阿飡至太大角干爲之。又得兼宰相私臣。大監二人。眞平王四十五年初置。太宗王十五年加一人。景德王改爲侍郎。惠恭王復稱大監。位自□飡至阿飡爲之。弟監二人。眞平王十一年置。太宗王五年改爲大舍。景德王改爲郎中。惠恭王復稱大舍。位自舍知至奈麻爲之。弩舍知一人。文武王十二年始置。景德王改爲司兵。惠恭王復稱弩舍知。位自舍知至大舍爲之。史十二人。文武王十一年加二人。十二年加三人。位自先沮知至大舍爲之。弩幢一人。文武王十一年置。景德王改爲小司兵。惠恭王復故。位與史同。

調府。眞平王六年置。景德王改爲大府。惠恭王復故。令二人。眞德王五年置。位自衿荷至太大角干爲之。卿二人。文武王十五年加一人。位與兵部大監同。大舍二人。眞德王置。景德王改爲主簿。惠恭王復稱大舍。位自舍知至奈麻爲之。舍知一人。神文王五年置。景德王改爲司庫。惠恭王復稱舍知。位自舍知至大舍爲之。史八人。孝昭王四年加二人。位與兵部史同。

京城周作典。景德王改爲修城府。惠恭王復故。令五人。聖德王三十一年置。位自大阿飡至大角干爲之。卿六人。聖德王三十二年置。位與執事侍郎同。大舍六人。景德王改爲主簿。惠恭王復稱大舍。位自舍知至大奈麻爲之。舍知一人。景德王改爲司功。惠恭王復稱舍知。位自舍知至大舍爲之。史八人。位與調府史同。

四天王寺成典。景德王改爲監四天王寺府。惠恭王復故。衿荷臣一人。景德王改爲監令。惠恭王復稱衿荷臣。哀莊王又改爲令。位自大阿飡至角干爲之。上堂一人。景德王改爲卿。惠恭王復稱上堂。哀莊王又改爲卿。位自奈麻至阿飡爲之。赤位一人。景德王改爲監。惠恭王復稱赤位。靑位二人。景德王改爲主簿。惠恭王復稱靑位。哀莊王改爲大舍。省一人。位自舍知至奈麻爲之。史二人。

奉聖寺成典。景德王改爲修營奉聖寺使院。後復故。衿荷臣一人。景德王改爲檢校使。惠恭王復稱衿荷臣。哀莊王改爲令。上堂一人。景德王改爲副使。後復稱上堂。赤位一人。景德王改爲判官。後復稱赤位。青位一人。景德王改爲錄事。後復稱青位。史二人。景德王改爲典。後復稱史。

感恩寺成典。景德王改爲修營感恩寺使院。後復故。衿荷臣一人。景德王改爲檢校使。惠恭王復稱衿荷臣。哀莊王改爲令。上堂一人。景德王改爲副使。惠恭王復稱上堂。哀莊王改爲卿。（一云省卿置赤位。）赤位一人。景德王改爲判官。後復稱赤位。青位一人。景德王改爲錄事。後復稱青位。史二人。景德王改爲典。後復稱史。

奉德寺成典。景德王十八年改爲修營奉德寺使院。後復故。衿荷臣一人。景德王改爲檢校使。惠恭王復稱衿荷臣。哀莊王又改爲卿。上堂一人。景德王改爲副使。惠恭王復稱上堂。哀莊王又改爲卿。赤位一人。景德王改爲判官。惠恭王復稱赤位。青位二人。景德王改爲錄事。惠恭王復稱青位。史六人。後省四人。景德王改爲典。惠恭王復稱史。

奉恩寺成典。衿荷臣一人。惠恭王始置。哀莊王改爲令。副使一人。惠恭王始置。尋改爲上堂。哀莊王又改爲卿。大舍二人。史二人。

靈廟寺成典。景德王十八年改爲修營靈廟寺使院。後復故。上堂一人。景德王改爲判官。後復稱上堂。青位一人。景德王改爲錄事。後又改爲大舍。史二人。

永興寺成典。神文王四年始置。景德王十八年改爲監永興寺舘。大奈麻一人。景德王改爲監。史三人。

倉部。昔者倉部之事兼於稟主。至眞德王五年分置此司。令二人。位自大阿飡至大角干爲之。卿二人。眞德王五年置。文武王十五年加一人。景德王改爲侍郞。惠恭王復稱卿。位與兵部大監同。大舍二人。眞德王置。景德王改爲郞中。惠恭王復稱大舍。位與兵部大舍同。租舍知一人。孝昭王八年置。景德王改爲司倉。惠恭王復故。位與弩舍知同。史八人。眞德王置。文武王十一年加三人。十二年加七人。孝昭王八年加一人。景德王十一年加三人。惠恭王加八人。

禮部。令二人。眞平王八年置。位與兵部令同。卿二人。眞德王二年（一云五年。）置。文武王十五年加一人。位與調府卿同。大舍二人。眞德王五年置。景德王改爲主簿。後復稱大舍。位與調府大舍同。舍知一人。景德王改爲司禮。後復稱舍知。位與調府舍知同。史八人。眞德王五年加三人。位與調府史同。

乘府。景德王改爲司馭府。惠恭王復故。令二人。眞平王六年置。位自大阿飡至角干爲之。卿二人。文武王十五年加一人。位與調府卿同。大舍二人。景德王改爲主簿。後復稱大舍。位與兵部大舍同。舍知一人。景德王改爲司牧。後復稱舍知。位與調府舍知同。史九人。文武王十一年加三人。位與調府史同。

司正府。太宗王六年置。景德王改爲肅正臺。惠恭王復故。令一人。位自大阿飡至角干爲之。卿二人。眞興王五年置。文武王十五年加一人。位與乘府卿同。佐二人。孝成王元年。爲犯大王諱。凡丞皆稱佐。景德王改爲評事。後復稱佐。位自奈麻至大奈麻爲之。大舍二人。位自舍知至奈麻爲之。史十人。文武王十一年加五人。

例作府。（一云例作典。）景德王改爲修例府。惠恭王復故。令一人。神文王六年置。位自大阿飡至角干爲之。卿二人。神文王置。位與司正卿同。大舍四人。哀莊王六年省二人。景德王改爲主簿。後復稱大舍。位與兵部大舍同。舍知二人。景德王改爲司例。後復稱舍知。位與弩舍知同。史八人。

船府。舊以兵部大監、弟監。掌舟楫之事。文武王十八年別置。景德王改爲利濟府。惠恭王復故。令一人。位自大阿飡至角干爲之。卿二人。文武王三年置。神文王八年加一人。位與調府卿同。大舍二人。景德王改爲主簿。惠恭王復稱大舍。位與調府大舍同。舍知一人。景德王改爲司舟。惠恭王復稱舍知。位與調府舍知同。史八人。神文王元年加二人。哀莊王六年省二人。

領客府。本名倭典。眞平王四十三年改爲領客典。（後又別置倭典。）景德王又改爲司賓府。惠恭王復故。令二人。眞德王五年置。位自大阿飡至角干爲之。卿二人。文武王十五年加一人。位與調府卿同。大舍二人。景德王改爲主簿。惠恭王復稱大舍。位與調府大舍同。舍知一人。景德王改爲司儀。惠恭王復稱舍知。位與調府舍知同。史八人。

位和府。眞平王三年始置。景德王改爲司位府。惠恭王復故。衿荷臣二人。神文王二年始置。五年加一人。哀莊王六年改爲令。位自伊飡至大角干爲之。上堂二人。神文王置。
聖德王二年加一人。哀莊王改爲卿。位自級飡至阿飡爲之。大舍二人。景德王改爲主
簿。後復稱大舍。位與調府大舍同。史八人。

左理方府。眞德王五年置。孝昭王元年避大王諱。改爲議方府。令二人。位自級飡至迊
飡爲之。卿二人。眞德王置。文武王十八年加一人。位與他卿同。佐二人。眞德王置。景德
王改爲評事。惠恭王復稱佐。位與司正佐同。大舍二人。位與兵部大舍同。史十五人。元
聖王十三年省五人。

右理方府。文武王七年置。令二人。卿二人。佐二人。大舍二人。史十人。

賞賜署。屬倉部。景德王改爲司勳監。惠恭王復故。大正一人。眞平王四十六年置。景德
王改爲正。後復稱大正。位自級飡至阿飡爲之。佐一人。位自大奈麻至級飡爲之。大舍
二人。眞德王五年置。景德王改爲主書。惠恭王復稱大舍。位自舍知至奈麻爲之。史六
人。文武王二十年加二人。哀莊王六年省二人。

大道署。或云寺典。或云內道監。屬禮部。大正一人。眞平王四十六年置。景德王改爲正。後復稱大正。
位自級飡至阿飡爲之。一云。大正下有大舍二人。主書二人。景德王改爲主事。位自舍知至奈麻爲之。
史八人。

典邑署。景德王改爲典京府。惠恭王復故。卿二人。本置監六人。分領六部。元聖王六年升二人爲卿。位自奈麻至沙
飡爲之。監四人。位自奈麻至大奈麻爲之。大司邑六人。位自舍知至奈麻爲之。中司邑

六人。位自舍知至大舍爲之。小司邑九人。位與弩舍知同。史十六人。木尺七十人。

永昌宮成典。文武王十七年置。上堂一人。景德王置。又改爲卿。惠恭王復稱上堂。哀莊王六年又改爲卿。位自級飡至阿飡爲之。大舍二人。景德王改爲主簿。惠恭王復稱大舍。位自舍知至奈麻爲之。史四人。

國學。屬禮部。神文王二年置。景德王改爲大學監。惠恭王復故。卿一人。景德王改爲司業。惠恭王復稱卿。位與他卿同。博士。若干人。數不定。助教。若干人。數不定。大舍二人。眞德王五年置。景德王改爲主簿。惠恭王復稱大舍。位自舍知至奈麻爲之。史二人。惠恭王元年加二人。教授之法。以周易。尙書、毛詩、禮記、春秋左氏傳文選。分而爲之業。博士若助教一人。或以禮記、周易、論語、孝經。或以春秋左傳、毛詩、論語、孝經。或以尙書、論語、孝經、文選。教授之。諸生讀書。以三品出身。讀春秋左氏傳、若禮記、若文選。而能通其義。兼明論語、孝經者爲上。讀曲禮、論語、孝經者爲中。讀曲禮、孝經者爲下。若能兼通五經、三史、諸子百家書者。超擢用之。或差筭學博士若助教一人。以綴經三開九章六章教授之。凡學生。位自大舍已下至無位。年自十五至三十皆充之。限九年。若朴魯不化者罷之。若才器可成而未熟者。雖踰九年。許在學。位至大奈麻、奈麻。而後出學。

音聲署。屬禮部。景德王改爲大樂監。惠恭王復故。長二人。神文王七年改爲卿。景德王又改爲司樂。惠恭王復稱卿。位與他卿同。大舍二人。眞德王五年置。景德王改爲主簿。後復稱大舍。位自舍知至奈麻爲之。史四人。

大日任典。太宗王四年置。景德王合典京府。大都司六人。景德王改爲大典儀。後復故。位自舍知至奈麻爲之。小都司二人。景德王改爲小典儀。後復故。位自舍知至大舍爲之。都事大舍二人。景德王改爲大典事。後復故。位自舍知至奈麻爲之。都事舍知四人。景德王改爲中典事。後復故。位自舍知至大舍爲之。都謁舍知八人。景德王改爲典謁。後復故。位自舍知至大舍爲之。都引舍知一人。景德王改爲典引。後復故。位與弩舍知同。幢六人。景德王改爲小典事。後復故。位與調府史同。都事稽知六人。都謁稽知六人。都引稽知五人。或云都引幢。或云少典引。比伐首十人。

工匠府。景德王改爲典祀署。後復故。監一人。神文王二年置。位自大奈麻至級飡爲之。主書二人。或云主事。或云大舍。眞德王五年置。位自舍知至奈麻爲之。史四人。

彩典。景德王改爲典彩署。後復故。監一人。神文王二年置。位自奈麻至大奈麻爲之。主書二人。眞德王五年置。位自舍知至奈麻爲之。史三人。一云四人。

左司祿館。文武王十七年置。監一人。位自奈麻至大奈麻爲之。主書二人。或云主事。位自舍知至奈麻爲之。史四人。

右司祿館。文武王二十一年置。監一人。主書二人。史四人。

典祀署。屬禮部。聖德王十二年置。監一人。位自奈麻至大奈麻爲之。大舍二人。眞德王五年置。位自舍知至奈麻爲之。史四人。

新宮。聖德王十六年置。景德王改爲典設館。後復故。監一人。位與典祀署監同。主書二人。位與典祀署大舍同。史三人。

東市典。智證王九年置。監二人。位自奈麻至大奈麻爲之。大舍二人。景德王改爲主事。後復稱大舍。位自舍知至奈麻爲之。書生二人。景德王改爲司直。後復稱書生。位與調府史同。史四人。

西市典。孝昭王四年置。監二人。大舍二人。景德王改爲主事。後復稱大舍。書生二人。景德王改爲司直。後復稱書生。史四人。

南市典。亦孝昭王四年置。監二人。大舍二人。景德王改爲主事。後復稱大舍。書生二人。景德王改爲司直。後復稱書生。史四人。

司範署。屬禮部。大舍二人。或云主書。景德王改爲主事。後復稱大舍。位與調府舍知同。史四人。

京都驛。景德王改爲都亭驛。後復故。大舍二人。位自舍知至奈麻爲之。史二人。

漏刻典。聖德王十七年始置。博士六人。史一人。

六部少監典。一云六部監典。梁部、沙梁部。監郎各一人。大奈麻各一人。大舍各二人。舍知各一人。梁部史六人。沙梁部史五人。本彼部。監郎一人。監大舍一人。舍知一人。監幢五人。史一人。牟梁部。監臣一人。大舍一人。舍知一人。監幢五人。史一人。漢祇部、習比部。監臣各一人。大舍各一人。舍知各一人。監幢各三人。史各一人。

食尺典。大舍六人。史六人。

直徒典。大舍六人。舍知八人。史二十六人。

古官家典。幢(一云稽知)。四人。鉤尺六人。水主六人。禾主十五人。

三國史記卷第三十八

三國史記卷第三十八　雜志第七　(職官上)

三國史記卷第三十九

輸忠定難靖國贊化同德功臣開府儀同三司檢校太師守太保門下侍中判尚書吏禮部事集賢殿大學士監修國史上柱國致仕臣金富軾奉

宣撰

雜志第八 職官中

內省。景德王十八年。改爲殿中省。後復故。私臣一人。眞平王七年。三宮各置私臣。大宮和文大阿飡。梁宮、首肹夫阿飡。沙梁宮、弩知伊飡。至四十四年。以一員兼掌三宮。位自衿荷至太大角干。惟其人則授之。亦無年限。景德王又改爲殿中令。後復稱私臣。卿二人。位自奈麻至阿飡爲之。監二人。位自奈麻至沙飡爲之。大舍一人。舍知一人。

內司正典。景德王五年置。十八年改爲建平省。後復故。議決一人。貞察二人。史四人。

典大舍典。典大舍一人。典翁一人。史四人。

上大舍典。上大舍一人。上翁一人。

黑鎧監。景德王改爲衛武監。後復故。大舍一人。史四人。

本彼宮。神文王元年置。虞一人。私母一人。工翁二人。典翁一人。史二人。

引道典。景德王改爲禮成典。後復故。上引道二人。□位引道三人。官引道四人。

村徒典。文武王十年置。干一人。宮翁一人。大尺一人。史二人。

尻驛典。看翁一人。宮翁一人。

平珍音典。景德王改爲埽宮。後復故。看翁一人。筵翁一人。典翁二人。

煙舍典。聖德王十七年置。看翁一人。

詳文師。聖德王十三年改爲通文博士。景德王又改爲翰林。後置學士。

所內學生。聖德王二十年置。

天文博士。後改爲司天博士。

醫學。孝昭王元年初置。教授學生。以本草經、甲乙經、素問經、針經、脉經、明堂經、難經爲之業。博士二人。

供奉乘師。闕。

律令典。博士六人。

藪宮典。大舍二人。史二人。

靑淵宮典。景德王改爲造秋亭。後復故。大舍二人。史二人。宮翁一人。

夫泉宮典。大舍二人。史二人。宮翁一人。

且熱音宮典。大舍二人。史四人。宮翁一人。

坐山典。大舍二人。史三人。宮翁一人。

屛村宮典。景德王改爲玄龍亭。後復故。大舍二人。史二人。宮翁一人。

北吐只宮典。大舍二人。史二人。

弘峴宮（已下五宮通謂之古奈宮。）典。大舍二人。史二人。

葛川宮典。大舍二人。史二人。

善坪宮典。大舍二人。史二人。

伊同宮典。大舍二人。史二人。

平立宮典。大舍二人。史二人。

明活典。景暉王二年置。大舍一人。看翁一人。

源谷羊典。興德王四年置。大舍一人。看翁一人。

染谷典。看翁一人。

壁典。看翁一人。下典四人。

薊園典。看翁一人。下典二人。

豆呑炭典。看翁一人。

少年監典。景德王改爲釣天省。後復故。大舍二人。史二人。

會宮典。景德王改爲北司設。後復故。宮翁一人。助舍知四人。

上新謀典。大舍一人。史二人。

下新謀典。大舍一人。史二人。

左新謀典。大舍一人。史二人。
右新謀典。大舍一人。史二人。
租典。大舍一人。史一人。
新園典。大舍一人。史一人。
冰庫典。大舍一人。史一人。
白川苜蓿典。大舍一人。史一人。
漢秖苜蓿典。大舍一人。史一人。
蚊川苜蓿典。大舍一人。史一人。
本彼苜蓿典。大舍一人。史一人。
陵色典。大舍一人。史一人。
穢宮典。景德王改爲珍閣省。後復故。稚省十人。宮翁一人。助舍知四人。從舍知二人。
朝霞房。母二十三人。
染宮。母十一人。
䟽典。母六人。
紅典。母六人。
蘇芳典。母六人。
攢染典。母六人。

漂典。母十人。
倭典。已下十四官員數闕。
錦典。景德王改爲織錦房。後復故。
鐵鍮典。景德王改爲築冶房。後復故。
寺典。
漆典。景德王改爲飾器房。後復故。
毛典。景德王改爲聚毳房。後復故。
皮典。景德王改爲鞄人房。後復故。
鞦典。
皮打典。景德王改爲韗工房。後復故。
磨典。景德王改爲梓人房。後復故。
鞜典。
靴典。
打典。
麻履典。
御龍省。私臣一人。哀莊王二年置。御伯郎二人。景德王九年改爲奉御。宣德王元年又改爲卿。尋改爲監。稚省十四人。

洗宅。景德王改爲中事省。後復故。大舍八人。從舍知二人。
崇文臺。郎二人。史四人。從舍知二人。
獄典。大舍二人。史四人。從舍知二人。
監典。大舍二人。舍知二人。史四人。都官四人。從舍知二人。樂子無定數。
廩典。景德王改爲天祿司。後復故。大舍二人。舍知二人。史八人麞翁四人。從舍知二人。
春典。舍知二人。史八人。
祭典。舍知二人。史六人。
藥典。景德王改爲保命司。後復故。舍知二人。史六人。從舍知二人。
供奉醫師。無定數。
供奉卜師。無定數。
麻典。景德王十八年改爲織紡局。後復故。干一人。史八人。從舍知四人。
曝典。屬縣三。
肉典。景德王改爲尙膳局。後復故。干二人。
滓典。干一人。史四人。
阿尼典。母六人。
綺典。景德王改爲別錦房。後復故。母八人。
席典。景德王改爲奉座局。後復故。干一人。史二人。

机概典。景德王改爲机盤局。後復故。干一人。史六人。
楊典。景德王改爲司籩局。後復故。干一人。史六人。
瓦器典。景德王改爲陶登局。後復故。干一人。史六人。
監夫大典。大舍二人。史二人。從舍知二人。
大傳典。大舍二人。史二人。從舍知二人。
行軍典。大舍二人。史四人。從舍知二人。
永昌典。大舍二人。史二人。
古昌典。大舍二人。史四人。
番監。大舍二人。史二人。
願堂典。大舍二人。從舍知二人。
物藏典。大舍四人。史二人。
北廂典。大舍二人。史四人。
南下所宮。景德王改爲雜工司。後復故。翁一人。助四人。
南桃園宮。翁一人。
北園宮。翁一人。
新青淵宮。翁一人。
針房。女子十六人。

東宮官。

東宮衙。景德王十一年置。上大舍一人。次大舍一人。

御龍省。大舍二人。稚省六人。

洗宅。大舍四人。從舍知二人。

給帳典。一云□典。典四人。稚四人。

月池典。闕

僧房典。大舍二人。從舍知二人。

庖典。大舍二人。史二人。從舍知二人。

月池嶽典。大舍二人。水主一人。

龍王典。大舍二人。史二人。

三國史記卷第三十九

三國史記卷第四十

輸忠定難靖國贊化同德功臣開府儀同三司檢校太師守太保門下侍中判尚書吏禮部事集賢殿太學士監修國史上柱國致仕臣金富軾奉

宣撰

雜志第九 職官下

武官

侍衞府。有三徒。眞德王五年置。將軍六人。神文王元年罷監置將軍。位自級飡至阿飡爲之。大監六人。位自奈麻至阿飡爲之。隊頭十五人。位自舍知至沙飡爲之。項三十六人。位自舍知至大奈麻爲之。卒百十七人。位自先沮知至大舍爲之。

諸軍官。將軍。共三十六人。掌大幢四人。貴幢四人。漢山停(羅人謂營爲停。)三人。完山停三人。河西停二人。牛首停二人。位自眞骨上堂至上臣爲之。緑衿幢二人。紫衿幢二人。白衿幢二人。緋衿幢二人。黃衿幢二人。黑衿幢二人。碧衿幢二人。赤衿幢二人。青衿幢二人。位自眞骨級飡至角干爲之。至景德王時。熊川州停加置三人。

大官大監。眞興王十年置。掌大幢五人。貴幢五人。漢山停四人。牛首停四人。河西停四人。完山停四人。無衿。緑衿幢四人。紫衿幢四人。白衿幢四人。緋衿幢四人。黃衿幢四人。

黑衿幢四人。碧衿幢四人。赤衿幢四人。青衿幢四人。共六十二人。著衿。眞骨位自舍知至阿飡爲之。次品自奈麻至四重阿飡爲之。

隊大監。領馬兵。罽衿一人。音里火停一人。古良夫里停一人。居斯勿停一人。參良火停一人。召參停一人。未多夫里停一人。南川停一人。骨乃斤停一人。伐力川停一人。伊火兮停一人。緑衿幢三人。紫衿幢三人。白衿幢三人。黃衿幢三人。黑衿幢三人。碧衿幢三人。赤衿幢三人。青衿幢三人。菁州誓一人。漢山州誓一人。完山州誓一人。領步兵。大幢三人。漢山停三人。貴幢二人。牛首停一人。完山停二人。碧衿幢二人。緑衿幢二人。白衿幢二人。黃衿幢二人。黑衿幢二人。紫衿幢二人。赤衿幢二人。青衿幢二人。緋衿幢四人。共七十人。並著衿。位自奈麻至阿飡爲之。

弟監。眞興王二十三年置。領大幢五人。貴幢五人。漢山停四人。牛首停四人。河西停四人。完山停四人。無衿。碧衿幢四人。緑衿幢四人。白衿幢四人。緋衿幢四人。黃衿幢四人。黑衿幢四人。紫衿幢四人。赤衿幢四人。青衿幢四人。罽衿幢一人。共六十三人。位自舍知至大奈麻爲之。

監舍知。共十九人。法興王十年置。大幢一人。上州停一人。漢山停一人。牛首停一人。河西停一人。完山停一人。碧衿幢一人。緑衿幢一人。白衿幢一人。緋衿幢一人。黃衿幢一人。黑衿幢一人。紫衿幢一人。赤衿幢一人。青衿幢一人。罽衿幢一人。白衿武幢一人。赤衿武幢一人。黃衿武幢一人。無衿。位自舍知至大舍爲之。

少監。眞興王二十三年置。大幢十五人。貴幢十五人。漢山停十五人。河西停十二人。牛首停十三人。完山停十三人。碧衿幢十三人。綠衿幢十三人。白衿幢十三人。緋衿幢十三人。黃衿幢十三人。黑衿幢十三人。紫衿幢十三人。赤衿幢十三人。青衿幢十三人。領騎兵。音里火停二人。古良夫里停二人。居斯勿停二人。參良火停二人。召參停二人。未多夫里停二人。南川停二人。骨乃斤停二人。伐力川停二人。伊火兮停二人。緋衿幢三人。碧衿幢六人。綠衿幢六人。白衿幢六人。黃衿幢六人。黑衿幢六人。紫衿幢六人。赤衿幢六人。青衿幢六人。罽衿　一人。菁州誓三人。漢山州誓三人。完山州誓三人。領步兵。大幢六人。漢山停六人。貴幢四人。牛首停四人。完山停四人。碧衿幢四人。綠衿幢四人。白衿幢四人。黃衿幢四人。黑衿幢四人。紫衿幢四。人。赤衿幢四人。青衿幢四人。緋衿幢八人。菁州誓九人。漢山州誓九人。完山州誓九人。共三百七十二人。六停無衿。此外皆著衿。位自大舍已下爲之。

大尺。大幢十五人。貴幢十人。漢山停十人。牛首停十人。河西停十人。完山停十人。綠衿幢十人。緋衿幢十人。紫衿幢十人。白衿幢十三人。黃衿幢十三人。黑衿幢十三人。碧衿幢十三人。赤衿幢十三人。青衿幢十三人。屬大官。罽衿七人。音里火停二人。古良夫里停二人。居斯勿停二人。參良火停二人。召參停二人。未多夫里停二人。南川停二人。骨乃斤停二人。伐力川停二人。伊火兮停二人。碧衿幢六人。綠衿幢六人。白衿幢六人。黃衿幢六人。黑衿幢六人。紫衿幢六人。赤衿幢六人。青衿幢六人。菁州誓二人。漢山州誓二人。完山州誓二人。領騎兵。大幢六人。漢山停六人。貴幢四人。牛首停四人。完山停四人。碧衿幢四人。綠衿幢四人。白衿幢四人。黃衿幢四人。黑衿幢四人。紫衿幢四人。赤衿幢四人。青衿幢四人。緋衿幢八人。白衿武幢八人。赤衿武幢八人。黃衿武幢八人。領步兵。共三百四十二人。位與少監同。

軍師幢主。法興王十一年置。王都一人。無衿。大幢一人。上州停一人。漢山停一人。牛首停一人。河西停一人。完山停一人。碧衿幢一人。綠衿幢一人。緋衿幢一人。白衿幢一人。黃衿幢一人。黑衿幢一人。紫衿幢一人。赤衿幢一人。青衿幢一人。白衿武幢一人。赤衿武幢一人。黃衿武幢一人。共十九人。著衿。位自奈麻至一吉湌爲之。六

大匠尺幢主。大幢一人。上州停一人。漢山停一人。牛首停一人。河西停一人。完山停一人。碧衿幢一人。綠衿幢一人。緋衿幢一人。白衿幢一人。黃衿幢一人。黑衿幢一人。紫衿幢一人。赤衿幢一人。青衿幢一人。共十五人。無衿。位與軍師幢主同。

步騎幢主。王都一人。無衿。大幢六人。漢山六人。貴幢四人。牛首州四人。完山州四人。碧衿幢四人。綠衿幢四人。白衿幢四人。黃衿幢四人。黑衿幢四人。紫衿幢四人。赤衿幢四人。青衿幢四人。白衿武幢二人。赤衿武幢二人。黃衿武幢二人。共六十三人。位自奈麻至沙湌爲之。

三千幢主。音里火停六人。古良夫里停六人。居斯勿停六人。參良火停六人。召參停六人。未多夫里停六人。南川停六人。骨乃斤停六人。伐力川停六人。伊伐兮停六人。共六

十人。著衿。位自舍知至沙飡爲之
著衿騎幢主。碧衿幢十八人。綠衿幢十八人。白衿幢十八人。黃衿幢十八人。黑衿幢十八人。紫衿幢十八人。赤衿幢十八人。青衿幢十八人。罽衿六人。菁州六人。完山州六人。漢山州六人。河西州四人。牛首幢三人。四千幢三人。共一百七十八人。位與三千幢主同。

緋衿幢主。四十人。沙伐州三人。歃良州三人。菁州三人。漢山州二人。牛首州六人。河西州六人。熊川州五人。完山州四人。武珍州八人。共四十人。著衿。位自舍知至沙飡爲之。

師子衿幢主。王都三人。沙伐州三人。歃良州三人。菁州三人。漢山州三人。牛首州三人。河西州三人。熊川州三人。完山州三人。武珍州三人。共三十人。著衿。位自舍知至一吉飡爲之。

法幢主。百官幢主三十人。京餘甲幢主十五人。小京餘甲幢主十六人。外餘甲幢主五十二人。弩幢主十五人。雲梯幢主六人。衝幢主十二人。石投幢主十二人。共一百五十八人。無衿。

黑衣長槍末步幢主。大幢三十人。貴幢二十二人。漢山二十八人。牛首二十人。完山二十人。紫衿二十人。黃衿二十人。黑衿二十人。碧衿二十人。赤衿二十人。青衿二十人。綠衿二十四人。共二百六十四人。位自舍知至級飡爲之。

三武幢主。白衿武幢十六人。赤衿武幢十六人。黃衿武幢十六人。共四十八人。位與末步幢主同。

萬步幢主。京五種幢主十五人。節末幢主四人。九州萬步幢主十八人。共三十七人。無衿。位自舍知至大奈麻爲之。

軍師監。王都二人。無衿。大幢二人。上州停二人。漢山停二人。牛首停二人。河西停二人。完山停二人。碧衿幢二人。綠衿幢二人。緋衿幢二人。白衿幢二人。黃衿幢二人。黑衿幢二人。紫衿幢二人。赤衿幢二人。青衿幢二人。共三十二人。著衿。位自舍知至奈麻爲之。

大匠大監。大幢一人。上州停一人。漢山停一人。牛首停一人。河西停一人。完山停一人。碧衿幢一人。綠衿幢一人。緋衿幢一人。白衿幢一人。黃衿幢一人。黑衿幢一人。紫衿幢一人。赤衿幢一人。青衿幢一人。共十五人。無衿。位自舍知至大奈麻爲之。

步騎監。六十三人。王都一人。大幢六人。漢山六人。貴幢四人。牛首四人。完山四人。碧衿幢四人。綠衿幢四人。白衿幢四人。黃衿幢四人。黑衿幢四人。紫衿幢四人。赤衿幢四人。青衿幢四人。白衿武幢二人。赤衿武幢二人。黃衿武幢二人。著衿。共六十三人。位與軍師監同。

三千監。音里火停六人。古良夫里停六人。居斯勿停六人。參良火停六人。召參停六人。未多夫里停六人。南川停六人。骨乃斤停六人。伐力川停六人。伊火兮停六人。共六十人。著衿。位自舍知至大奈麻爲之。

師子衿幢監三十人。位自幢至奈麻爲之。

法幢監。百官幢三十人。京餘甲幢十五人。外餘甲幢六十八人。石投幢十二人。衝幢十二人。弩幢四十五人。雲梯幢十二人。共一百九十四人。無衿。位自舍知至奈麻爲之。

緋衿監。四十八人。領幢四十人。領馬兵八人。

著衿監。碧衿幢十八人。綠衿幢十八人。白衿幢十八人。黃衿幢十八人。黑衿幢十八人。紫衿幢十八人。赤衿幢十八人。青衿幢十八人。罽衿六人。菁州六人。漢山六人。完山六人。河西三人。牛首幢三人。四千幢三人。共一百七十五人。位自幢至奈麻爲之。

皆知戟幢監。四人。並王都。位自舍知至奈麻爲之。

法幢頭上。百九十二人。餘甲幢四十五人。外法幢百二人。弩幢四十五人。

法幢火尺。軍師幢三十人。師子衿幢二十人。京餘甲幢十五人。外餘甲幢百二人。弩幢四十五人。雲梯幢十一人。衝幢十八人。石投幢十八人。共二百五十九人。

法幢辟主。餘甲幢四十五人。外法幢三百六人。弩幢百三十五人。共四百八十六人。

三千卒。百五十人。位自大奈麻已下爲之。

凡軍號二十三。一曰六停。二曰九誓幢。三曰。十幢。四曰五州誓。五曰三武幢。六曰罽衿幢。七曰急幢。八曰四千幢。九曰京五種幢。十曰二節末幢。十一曰萬步幢。十二曰大匠尺幢。十三曰軍師幢。十四曰仲幢。十五曰百官幢。十六曰四設幢。十七曰皆知戟幢。十八曰三十九餘甲幢。十九曰仇七幢。二十曰二罽。二十一曰二弓。二十二曰三邊守。二十三曰新三千幢。

六停。一曰大幢。眞興王五年始置。衿色紫白。二曰上州停。眞興王十三年置。至文武王十三年改爲貴幢。衿色青赤。三曰漢山停。本新州停。眞興王二十九年罷新州停。置南川停。眞平王二十六年。罷南川停。置漢山停。衿色黃青四曰牛首停。本比烈忽停。文武王十三年罷比烈忽停。置牛首停。衿色綠白。五曰河西停。本悉直停。太宗王五年罷悉直停。置河西停。衿色綠白。六曰完山停。本下州停。神文王五年罷下州停。置完山停。衿色白紫。

九誓幢。一曰綠衿誓幢。眞平王五年始置。但名誓幢。三十五年改爲綠衿誓幢。衿色綠紫。二曰紫衿誓幢。眞平王四十七年始置郎幢。文武王十七年改爲紫衿誓幢。衿色紫綠。三曰白衿誓幢。文武王十二年以百濟民爲幢。衿色白青。四曰緋衿誓幢。文武王十二年始置長槍幢。孝昭王二年改爲緋衿誓幢。五曰黃衿誓幢。神文王三年以高句麗民爲幢。衿色黃赤。六曰黑衿誓幢。神文王三年以靺鞨國民爲幢。衿色黑赤。七曰碧衿誓幢。神文王六年以報德城民爲幢。衿色碧黃。八曰赤衿誓幢。神文王六年又以報德城民爲幢。衿色赤黑。九曰青衿誓幢。神文王七年以百濟殘民爲幢。衿色青白。

十停。或云三千幢。一曰音里火停。二曰古良夫里停。三曰居斯勿停。衿色青。四曰參良火停。五曰召參停。六曰未多夫里停。衿色黑。七曰南川停。八曰骨乃斤停。衿色黃。九曰伐力川停。十曰伊火兮停。衿色綠。並眞興王五年置。

五州誓。一曰菁州誓。二曰完山州誓。三曰漢山州誓。衿色紫綠。四曰牛首州誓。五曰河西州誓。衿色綠紫。並文武王十二年置。
三武幢。一曰白衿武幢。文武王十五年置。二曰赤衿武幢。神文王七年置。三曰黃衿武幢。九年置。
罽衿幢。太宗王元年置。衿色罽。
急幢。眞平王二十七年置。衿色黃綠。
四千幢。眞平王十三年置。衿色黃黑。
京五種幢。衿色。一青綠。二赤紫。三黃白。四白黑。五黑青。
二節末幢。衿色。一綠紫。二紫綠。
萬步幢。九州各二衿色。沙伐州、靑黃靑紫。歃良州、赤靑赤白。菁州、赤黃赤綠。漢山州、黃黑黃綠。牛首州、黑綠黑白。熊川州、黃紫黃靑。河西州、靑黑靑赤。武珍州、白赤白黃。
大匠尺幢。無衿。
軍師幢。眞平王二十六年始置。衿色白。
仲幢。文武王十一年始置。衿色白。
百官幢。無衿。
四設幢。一曰弩幢。二曰雲梯幢。三曰衝幢。四曰石投幢。無衿。
皆知戟幢。神文王十年始置。衿色黑赤白。
三十九餘甲幢。無衿。謂京餘甲小京餘甲外餘甲等也。其數未詳。

仇七幢。文武王十六年始置。衿色白。

二罽幢。或云外罽。一曰漢山州罽幢。太宗王十七年置。二曰牛首州罽幢。文武王十二年置。衿色皆罽。

二弓。一云外弓。一曰漢山州弓尺。眞德王六年置。二曰河西州弓尺。眞平王二十年置。無衿。

三邊守幢。一云邊守。神文王十年置。一曰漢山邊。二曰牛首邊。三曰河西邊。無衿。

新三千幢。一云外三千。一曰牛首州三千幢。二曰奈吐郡三千幢。文武王十二年置。三曰奈生郡三千幢。十六年置。衿色未詳。

衿。蓋詩傳所謂徽織。詩云。織文鳥章。箋云。織、徽織也。鳥章、鳥隼之文章。將帥以下衣皆著焉。史記漢書謂之旗熾。熾與織字異音同。周禮司常九旗所畫異物者。徽織所以相別。在國以表朝位。在軍又象其制而爲之。被之以備死事。羅人徽織以青赤等色爲別者。其形象半月。罽亦著於衣上。其長短之制。未詳。

大將軍花三副。長九寸。廣三寸三分。上將軍花四副。長九寸五分。下將軍花五副。長一尺。大監花大虎頰皮。長九寸。廣二寸五分。鈴黃金。圓一尺二寸。弟監花熊頰皮。長八寸五分。鈴白銀。圓九寸。少監花鷲尾。鈴白銅。圓六寸。大尺花與少監同。鈴鐵。圓二寸。軍師幢主花大虎尾。長一尺八寸。軍師監花熊臂皮。長八寸五分。大匠尺幢主花熊臂皮。長七寸。一云中虎額皮。長八寸五分。鈴黃金。圓九寸。三千幢主花大虎尾。長一尺八寸。三千監花鵟尾。諸著衿幢主花大虎尾。長一尺八寸五分。花以猛獸皮若鷲鳥羽作之。置杠上。若所謂豹尾者。今人謂之面槍將軍花。不言物名。其數或多或少。其義未詳。鈴行路置䭾馬上。或云鐸。

政官(或云政法典。)始以大舍一人史二人爲司。至元聖王元年初置僧官。簡僧中有才行者充之。有故則遞。無定年限。

國統一人。(一云寺主。)眞興王十二年。以高句麗惠亮法師爲寺主。都唯那娘一人。阿尼大都唯那一人。眞興王始以寶良法師爲之。眞德王元年。加一人。大書省一人。眞興王以安臧法師爲之。眞德王元年加一人。少年書省二人。元聖王三年以惠英、梵如二法師爲之。

州統九人。郡統十八人。

外官

都督。九人。智證王六年以異斯夫爲悉直州軍主。文武王元年改爲摠管。元聖王元年稱都督。位自級飡至伊飡爲之。仕臣(或云仕大等。)五人。眞興王二十五年始置。位自級飡至波珍飡爲之。州助(或云州輔。)九人。位自奈麻至重阿飡爲之。郡大守百十五人。位自舍知至重阿飡爲之。長史(或云司馬。)九人。位自舍知至大奈麻爲之。仕大舍(或云少尹。)五人。位自舍知至大奈麻爲之。外司正百三十三人。文武王十三年置。位未詳。少守(或云制守。)八十五人。位自幢至大奈麻爲之。縣令二百一人。位自先沮知至沙飡爲之。

浿江鎭典

頭上大監一人。宣德王三年始置。大谷城頭上。位自級飡至四重阿飡爲之。大監七人位與大守同。頭上弟監一人。位自舍知至大奈麻爲之。弟監一人。位自幢至奈麻爲之。步監一人。位與縣令同。少監六人。位自先沮知至大舍爲之。

外位。文武王十四年以六徒眞骨出居於五京九州。別稱官名。其位視京位。嶽干視一吉飡。述干視沙飡。高干視級飡。貴干視大奈麻。選干一作撰干視奈麻。上干視大舍。干視舍知。一伐視吉次。彼日視小烏。阿尺視先沮知。

高句麗人位。神文王六年以高句麗人授京官。量本國官品授之。一吉飡本主簿。沙飡本大相。級飡本位頭大兄。從大相。奈麻本小相。狄相。大舍本小兄。舍知本諸兄。吉次本先人。烏知本自位。

百濟人位。文武王十三年以百濟來人授內外官。其位次視在本國官銜。京官。大奈麻本達率。奈麻本恩率。大舍本德率。舍知本扞率。幢本奈率。大烏本將德。外官。貴干本達率。選干本恩率。上干本德率。干本扞率。一伐本奈率。一尺本將德。

其官銜見於雜傳記。而未詳其設官之始及位之高下者。書之於後。

葛文王。檢校。尚書。左僕射。上柱國。知元鳳省事。興文監卿。太子侍書學士。元鳳省待詔。記室郎。瑞書郎。孔子廟堂大舍。錄事。參軍。右衛將軍。功德司。節度使。安撫諸軍事。州都令、佐、丞。上舍人。下舍人。中事省。南邊第一。

高句麗百濟職官。年代久遠。文墨晦昧。是故不得詳悉。今但以其著於古記及中國史書者、爲之志。

隋書云。高句麗官有太大兄。次大兄。次小兄。次對盧。次意俟奢。次烏拙。次太大使者。次大使者。次小使者。次褥奢。次翳屬。次仙人。凡十二等。復有內評外評五部褥薩。

新唐書云。高句麗官凡十二級。曰大對盧。或曰吐捽。曰鬱折。主圖簿者。曰太大使者。曰皂衣頭大兄。所謂皂衣者仙人也。秉國政。三歲一易。善職則否。凡代日。有不服則相攻。王爲閉宮守。勝者聽爲之。曰大使者。曰大兄。曰上位使者。曰諸兄。曰小使者。曰過節。曰先人。曰古鄒大加。又云。莫離支。大莫離支。中裏小兄。中裏大兄。

冊府元龜云。高句麗。後漢時其國置官。有相加。對盧。沛者。古鄒大加古鄒大加。高句麗掌賓客之官。如大鴻臚也。主簿。優一作于台。使者。皂衣。先人。一說。大官有大對盧。次有太大兄。大兄。小兄。意俟奢烏拙。太大使者。小使者。褥奢。翳屬。仙人。并褥薩。凡十三等。復有內評。外評。分掌內外事焉。

右見中國歷代史。

左輔。右輔。大主簿。國相。九使者。中畏大夫。

右見本國古記。

廣評省今侍中。徐事。今侍郎。外書。今員外郎。兵部。大龍部。謂倉部。壽春部。今禮部。奉賓部。今禮賓省。義刑臺。今刑部。納貨部。今大府寺。調位府。今三司。內奉省。今都省。禁書省。今秘書省。南廂壇。今將作監。水壇。今水部。元鳳省。今翰林院。飛龍省。今大僕寺。物藏省。今少府監。史臺。掌習諸譯語。植貨府。掌栽植菓樹。障繕府。掌修理城隍。珠淘省。掌造成器物。正匡。元輔。大相。元尹。佐尹。正朝。甫尹。軍尹。中尹。

右弓裔所制官號。

北史云。百濟官有十六品。佐平五人、一品。達率三十人、二品。恩率三品。德率四品。扞率五品。奈率六品。將德七品。施德八品。固德九品。季德十品。對德十一品。文督十二品。武督十三品。佐軍十四品。振武十五品。剋虞十六品。自恩率以下。官無常員。各有部司。分掌衆務。內官。有前內部、穀內部、內椋部、外椋部、馬部、刀部、功德部、藥部、木部、法部、後宮部。外官。有司軍部、司徒部、司空部、司寇部、點口部、外舍部、綢部、日官部、市部。長吏三年一交代。都下有方。各爲五部。曰上部、前部、中部、下部、後部。部有五巷。士庶居焉。部統兵五百人。五方各有方鎭一人。以達率爲之。方佐貳之。方有十郡。郡有將三人。以德率爲之。統兵一千一百人以下七百人以上。

隋書云。百濟官有十六品。長曰左平。次大率。次恩率。次德率。次扞率。次奈率。次將德。次施德。次固德。次季德。次對德。次文督。次武督。次佐軍。次振武。次剋虞。五方各有方領二人。方佐貳之。方有十郡。郡有將。

唐書云。百濟所置內官。曰內臣佐平、掌宣納事。內頭佐平、掌庫藏事。內法佐平、掌禮儀事。衛士佐平、掌宿衛兵事。朝廷佐平、掌刑獄事。兵官佐平、掌外兵馬事。

右見中國歷代史、

左輔。右輔。左將。上佐平。北門頭。

右見本國古記。

三國史記卷第四十

三國史記卷第四十一

輸忠定難靖國贊化同德功臣開府儀同三司檢校太師守太保門下侍中判尚書吏禮部事集賢殿太學士監修國史上柱國致仕臣金富軾奉宣撰

列傳第一

金庾信上

金庾信。王京人也。十二世祖首露。不知何許人也。以後漢建武十八年壬寅登龜峰。望駕洛九村。遂至其地開國。號曰加耶。後改爲金官國。其子孫相承。至九世孫仇亥。或云仇次休。於庾信爲曾祖。羅人自謂少昊金天氏之後。故姓金。庾信碑亦云。軒轅之裔。少昊之胤。則南加耶始祖首露與新羅同姓也。祖武力爲新州道行軍惣管。嘗領兵獲百濟王及其將四人。斬首一萬餘級。父舒玄。官至蘇判大梁州都督安撫大梁州諸軍事。按庾信碑云。考蘇判金逍衍。不知舒玄或更名耶。或逍衍是字耶。疑故兩存之。初舒玄路見葛文王立宗之子肅訖宗之女萬明。心悅而目挑之。不待媒妁而合。舒玄爲萬弩郡大守。將與俱行。肅訖宗始知女子與玄野合。疾之囚於別第。使人守之。忽雷震屋門。守者驚亂。萬明從竇而出。遂與舒玄赴萬弩郡。舒玄庚辰之夜。夢熒惑鎭二星降於己。

萬明亦以辛丑之夜夢見童子衣金甲乘雲入堂中。尋而有娠。二十月而生庾信。是眞平王建福十二年。隋文帝開皇十五年乙卯也。及欲定名。謂夫人曰。吾以庚辰夜吉夢得此兒。宜以爲名。然禮不以日月爲名。今庚與庾字相似。辰與信聲相近。況古之賢人有名庾信。盍以命之。遂名庾信焉。萬弩郡。今之鎭州。初以庾信胎藏之高山。至今謂之胎靈山。公年十五歲爲花郎。時人洽然服從。號龍華香徒。眞平王建福二十八年辛未。公年十七歲。見高句麗百濟靺鞨侵軼國疆。慷慨有平寇賊之志。獨行入中嶽石崛。齋戒告天盟誓曰。敵國無道。爲豺虎以擾我封埸。略無寧歲。僕是一介微臣。不量材力。志淸禍亂。惟天降監。假手於我。居四日。忽有一老人。被褐而來。曰。此處多毒蟲猛獸。可畏之地。貴少年爰來獨處何也。答曰。長者從何許來。尊名可得聞乎。老人曰。吾無所住。行止隨緣。名則難勝也。公聞之。知非常人。再拜進曰。僕新羅人也。見國之讐。痛心疾首。故來此。冀有所遇耳。伏乞長者憫我精誠。授之方術。老人默然無言。公涕淚懇請不倦。至于六七。老人乃言曰。子幼而有幷三國之心。不亦壯乎。乃授以秘法曰。愼勿妄傳。若用之不義。反受其殃。言訖而辭行二里許。追而望之不見。唯山上有光。爛然若五色焉。建福二十九年。鄰賊轉迫。公愈激壯心。獨携寶劍。入咽薄山深壑之中。燒香告天。祈祝若在中嶽。誓辭仍禱。天官垂光。降靈於寶劍。三日夜。虛角二星光芒赫然下垂。劍若動搖然。建福四十六年己丑秋八月。王遣伊飡任永里、波珍飡龍春、白龍、蘇判大因、舒玄等。率兵攻高句麗娘臂城。麗人出兵逆擊之。吾人失利。死者衆多。衆心折衄。無復鬭心。庾信時爲中幢幢主。進於父前。脫冑而告曰。我兵敗北。吾平生以忠孝自期。臨戰不可不勇。蓋聞振領而裘正。提綱而網張。吾其爲綱領乎。迺跨馬拔劍。跳坑出入賊陣。斬將軍。提其首而來。我軍見之。乘勝奮擊。斬殺五千餘級。生擒一千人。城中兇懼無敢抗。皆出降。善德大王十一年壬寅。百濟敗大梁州。春秋公女子古陁炤娘從夫品釋死焉。春秋恨之。欲請高句麗兵以報百濟之怨。王許之。將行。謂庾信曰。吾與公同體。爲國股肱。今我若入彼見害。則公其無心乎。庾信曰。公若往而不還。則僕之馬跡必踐於麗濟兩王之庭。苟不如此。將何面目以見國人乎。春秋感悅。與公互噬手指歃血以盟曰。吾計日六旬乃還。若過此不來。則無再見之期矣。遂相別。後庾信爲押梁州軍主。春秋與訓信沙干聘高句麗。行至代買縣。縣人豆斯支沙干贈青布三百步。既入彼境。麗王遣太大對盧蓋金館之。燕饗有加。或告麗王曰。新羅使者非庸人也。今來殆欲觀我形勢也。王其圖之。俾無後患。王欲橫問因其難對而辱之。謂曰。麻木峴與竹嶺本我國地。若不我還。則不得歸。春秋答曰。國家土地。非臣子所專。臣不敢聞命。王怒囚之。欲戮未果。春秋以青布三百步。密贈王之寵臣先道解。道解以饌具來相飮。酒酣戲語曰。子亦嘗聞龜兎之說乎。昔東海龍女病心。醫言。得兎肝合藥則可療也。然海中無兎。不奈之何。有一龜白龍王言。吾能得之。遂登陸見兎言。海中有一島。清泉白石。茂林佳菓。寒暑不能到。鷹隼不能侵。爾若得至。可以安居無患。因負兎背上。游行二三里許。龜顧謂兎曰。今龍女被病。須兎肝爲藥。故不憚勞負爾來耳。兎曰。噫吾神明之後。能出五藏。洗而納之。日者少覺心煩。遂出肝心洗之。暫置巖石之底。聞爾甘言徑來。肝尙在彼。何不廻歸取肝。則汝得所求。吾雖無肝尙活。豈不兩相宜哉。龜信之而還。纔上岸。兎脫入草中。謂龜曰。愚哉汝也。豈有無肝而生者乎。龜憫默而退。春秋聞其言。喩其意。移書於王曰。二嶺本大國地分。臣歸國。請吾王還之。謂予不信。有如皦日。王廼悅焉。春秋入高句麗。過六旬未還。庾信揀得國內勇士三千人。相語曰。吾聞見危致命。臨難忘身者。烈士之志也。夫一人致死當百人。百人致死當千人。千人致死當萬人。則可以橫行天下。今國之賢相被他國之拘執。其可畏不犯難乎。於是衆人曰。雖出萬死一生之中。敢不從將軍之令乎。遂請王以定行期。時高句麗諜者浮屠德昌使告於王。王前聞春秋盟辭。又聞諜者之言。不敢復留。厚禮而歸之。及出境。謂送者曰。吾欲釋憾於百濟。故來請師。大王不許之。而反求土地。此非臣所得專。嚮與大王書者。圖逭死耳。（此與本記眞平王十二年所書一事而小異。以皆古記所傳。故兩存之。）庾信爲押梁州軍主。十三年。爲蘇判。秋九月。王命爲上將軍。使領兵伐百濟加兮城。省熱城。同火城等七城。大克之。因開加兮之津。乙丑正月歸。未見王。封人急報百濟大軍來攻我買利浦城。王又拜庾信爲上州將軍。令拒之。庾信聞命卽駕。不見妻子。逆擊百濟軍走之。斬首二千級。三月。還命王宮。未歸家。又急告百濟兵出屯于其國界。將大擧兵侵我。王復告庾信曰。請公不憚勞遄行。及其未至備之。庾信又不入家。練軍繕兵向西行。于時其家人皆出門外待來。庾信過門。不顧而行。至五十步許駐馬。令取漿水於宅。啜之曰。吾家之水尙有舊味。於是軍衆皆云。大將軍猶如此。我輩豈以離別骨肉爲恨乎。及至疆場。百濟人望我兵衞。不敢迫乃退。大王聞之甚喜。加爵賞。十六年丁未。是善德王末年、眞德王元年也。大臣毗曇、廉宗謂女主不能善理。擧兵欲廢之。王自內禦之。毗曇等屯於明活城。王師營於月城。攻守十日不解。丙夜大星落於月城。毗曇等謂士卒曰。吾聞落星之下必有流血。此殆女主敗績之兆也。士卒呼吼。聲振地。大王聞之。恐懼失次。庾信見王曰。吉凶無常。惟人所召。故紂以赤雀亡。魯以獲麟衰。高宗以雉雊興。鄭公以龍鬪昌。故知德勝於妖。則星辰變異不足畏也。請王勿憂。乃造偶人。抱火載於風鳶而颺之。若上天然。翌日。使人傳言於路曰。昨夜落星還上。使賊軍疑焉。又刑白馬祭於落星之地。祝曰。天道則陽剛而陰柔。人道則君尊而臣卑。苟或易之。卽爲大亂。今毗曇等以臣而謀君。自下而犯上。此所謂亂臣賊子。人神所同疾。天地所不容。今天若無意於此。而反見星怪於王城。此臣之所疑惑而不喩者也。惟天之威。從人之欲。善善惡惡。無作神羞。於是督諸將卒奮擊之。毗曇等敗走。追斬之。夷九族。冬十月。百濟兵來圍茂山、甘勿、桐岑等三城。王遣庾信率步騎一萬拒之。苦戰氣竭。庾信謂丕寧子曰。今日之事急矣。非子誰能激衆心乎。丕寧子拜曰。敢不惟命之從。遂赴敵。子擧眞及家奴合節隨之。突劒戟力戰死之。軍士望之感勵爭進。大敗賊兵。斬首三千餘級。眞德王大和元年戊申。春秋以不得請於高句麗。遂入唐乞師。太宗皇帝曰。聞爾國庾信之名。其爲人也如何。對曰。庾信雖少有才智。若不藉天威。豈易除鄰患。帝曰。誠君子之國也。乃詔許。勑將軍蘇定方以師二十萬徂征百濟。時庾信爲押梁州軍主。若無意於軍事。飮酒作樂。屢經旬月。州人以庾信爲庸將。譏謗之曰。衆人安居日久。力有餘。可以一戰。而將軍慵惰如之何。庾信聞之。知民可用。告大王曰。今觀民心。可以有事。請伐百濟以報大梁州之役。王曰。以小觸大。危將奈何。對曰。兵之勝否不在大小。顧其人心何如耳。故紂有億兆人。離心離德。不如周家十亂。同心同德。今吾人一意。可與同死生。彼百濟者不足畏也。王乃許之。遂簡練州兵赴敵。至大梁城外。百濟逆拒之。佯北不勝。至玉門谷。百濟輕之。大率衆來。伏發擊其前後。大敗之。獲百濟將軍八人。斬獲一千級。於是使告百濟將軍曰。我軍主品釋及其妻金氏之骨埋於爾國獄中。今爾裨將八人見捉於我。匍匐請命。我以狐豹首丘山之意。未忍殺之。今爾送死二人之骨。易生八人可乎。百濟仲常（一作忠常）佐平言於王曰。羅人骸骨留之無益。可以送之。若羅人失信。不還我八人。則曲在彼。直在我。何患之有。乃掘品釋夫妻之骨。櫝而送之。庾信曰。一葉落茂林無所損。一塵集大山無所增。許八人生還。遂乘勝入百濟之境。攻拔嶽城等十二城。斬首二萬餘級。生獲九千人。論功增秩伊飡。爲上州行軍大摠管。又入賊境。屠進禮等九城。斬首九千餘級。虜得六百人。春秋入唐。請得兵二十萬來。見庾信曰。死生有命。故得生還。復與公相見。何幸如焉。庾信對曰。下臣仗國威靈。再與百濟大戰。拔城二十。斬獲三萬餘人。又使品釋公及其夫人之骨得反鄕里。此皆天幸所致也。吾何力焉。

三國史記卷第四十一

三國史記卷第四十二

輸忠定難靖國贊化同德功臣開府儀同三司檢校太師守太保門下侍中判尚書吏禮部事集賢殿大學士監修國史上柱國致仕臣金富軾奉

宣撰

列傳第二 金庾信中

二年秋八月。百濟將軍殷相來攻石吐等七城。王命庾信及竹旨、陳春、天存等將軍出禦之。分三軍爲五道擊之。互相勝負。經旬不解。至於僵屍滿野。流血浮杵。於是屯於道薩城下。歇馬餉士。以圖再擧。時有水鳥東飛。過庾信之幕。將士見之以爲不祥。庾信曰。此不足怪也。謂衆曰。今日必有百濟人來諜。汝等佯不知。勿敢誰何。又使徇于軍中曰。堅壁不動。待明日援軍至。然後決戰。諜者聞之。歸報殷相。殷相等謂有加兵。不能不疑懼。於是庾信等一時奮擊。大克之。生獲將軍達率正仲、士卒一百人。斬佐平殷相、達率自堅等十人及卒八千九百八十人。獲馬一萬匹、鎧一千八百領。其他器械稱是。及歸還路見百濟佐平正福與卒一千人來降。皆放之。任其所往。至京城。大王迎門。勞慰優厚。永徽五年。眞德大王薨。無嗣。庾信與宰相閼川伊飡謀。迎春秋伊飡卽位。是爲太宗大王。永徽六年乙卯秋九月。庾信入百濟。攻刀比川城克之。是時百濟君臣奢泰淫逸。不恤國事。民怨神怒。災怪屢見。庾信告於王曰。百濟無道。其罪過於桀紂。此誠順天吊民伐罪之秋也。先是租未坤級飡爲天山縣令。被虜於百濟。爲佐平任子之家奴。從事勤恪。曾無懈慢。任子憐之不疑。縱其出入。乃逃歸。以百濟之事告庾信。庾信知租未坤忠正。可用。乃語曰。吾聞任子專百濟之事。思有以與謀而未由。子其爲我再歸言之。答曰。公不以僕爲不肖而指使之。雖死無悔。遂復入於百濟。告任子曰。奴自以謂。既爲國民。宜知國俗。是以出遊累旬不返。不勝犬馬戀主之誠。故此來耳。任子信之不責。租未坤伺間報曰。前者畏罪不敢直言。其實往新羅還來。庾信諭我。來告於君曰。邦國興亡。不可先知。若君國亡。則君依於我國。我國亡。則吾依於君國。任子聞之。嘿然無言。租未坤惶懼而退。待罪數月。任子喚而問之曰。汝前說庾信之言若何。租未坤驚恐而對。如前所言。任子曰。爾所傳。我已悉知。可歸告之。遂來說。兼及中外之事。丁寧詳悉。於是愈急并吞之謀。太宗大王七年庚申夏六月。大王與太子法敏將伐百濟。大發兵。至南川而營。時入唐請師波珍飡金仁問與唐大將軍蘇定方、劉伯英。領兵十三萬。過海到德物島。先遣從者文泉來告。王命太子與將軍庾信、眞珠、天存等。以大船一百艘。載兵士會之。太子見將軍蘇定方。定方謂太子曰。吾由海路。太子登陸行。以七月十日會于百濟王都泗沘之城。太子來告。大王率將士。行至沙羅之停。將軍蘇定方、金仁問等沿海入依伐浦。海岸泥濘。陷不可行。乃布柳席以出師。唐羅合擊百濟滅之。此役也。庾信之功爲多。於是唐皇帝聞之。遣使褒嘉之。將軍定方謂庾信、仁問、良圖三人曰。吾受命以便宜從事。今以所得百濟之地分。錫公等爲食邑。以酬厥功如何。庾信對曰。大將軍以天兵來副寡君之望。雪小國之讎。寡君及一國臣民喜抃之不暇。而吾等獨受賜以自利。其如義何。遂不受。唐人既滅百濟。營於泗沘之丘。陰謀侵新羅。我王知之。召羣臣問策。多美公進曰。令我民詐爲百濟之人。服其服。若欲爲賊者。唐人必擊之。因與之戰。可以得志矣。庾信曰。斯言可取。請從之。王曰。唐軍爲我滅敵。而反與之戰。天其祐我耶。庾信曰。犬畏其主。而主踏其脚則咬之。豈可遇難而不自救乎。請大王許之。唐人諜知我有備。虜百濟王及臣寮九十三人、卒二萬人。以九月三日。自泗沘泛船而歸。留郎將劉仁願等鎭守之。定方既獻俘。天子慰藉之曰。何不因而伐新羅。定方曰。新羅其君仁而愛民。其臣忠以事國。下之人事其上如父兄。雖小不可謀也。龍朔元年春。王謂百濟餘燼尙在。不可不滅。以伊飡品日、蘇判文王、大阿飡良圖等爲將軍。往伐之。不克。又遣伊飡欽純(一作欽春)、眞欽、天存、蘇判竹旨等濟師。高句麗靺鞨謂。新羅銳兵皆在百濟。內虛可擊。發兵水陸並進。圍北漢山城。高句麗營其西。靺鞨屯其東。攻擊浹旬。城中危懼。忽有大星落於賊營。又雷雨震擊。賊等疑駭。解圍而遁。初庾信聞賊圍城曰。人力既竭。陰助可資。詣佛寺設壇祈禱。會有天變。皆謂至誠所感也。庾信嘗以中秋夜領子弟立大門外。忽有人從西來。庾信知高句麗諜者。呼使之前曰。而國有底事乎。其人俯而不敢對。庾信曰。無畏也。但以實告。又不言。庾信告之曰。吾國王上不違天意。下不失人心。百姓欣然。皆樂其業。今爾見之。往告而國人。遂慰送之。麗人聞之曰。新羅雖小國。庾信爲相。不可輕也。六月。唐高宗皇帝遣將軍蘇定方等。征高句麗。入唐宿衛金仁問受命來告兵期。兼諭出兵會伐。於是文武大王率庾信、仁問、文訓等。發大兵向高句麗。行次南川州。鎭守劉仁願以所領兵。自泗沘泛船。至鞋浦下陸。亦營於南川州。時有司報。前路有百濟殘賊。屯聚瓮山城。遮路不可直前。於是庾信以兵進而圍城。使人近城下。與賊將語曰。而國不龔。致大國之討。順命者賞。不順命者戮。今汝等獨守孤城。欲何爲乎。終必塗地。不如出降。非獨存命。富貴可期也。賊高聲唱曰。雖蕞爾小城。兵食俱足。士卒義勇。寧爲死戰。誓不生降。庾信笑曰。窮鳥困獸猶知自救。此之謂也。乃揮旗鳴鼓攻之。大王登高見戰士。涙語激勵之。士皆奮突。鋒刃不顧。九月二十七日。城陷。捉賊將戮之。放其民。論功賞賚將士。劉仁願亦分絹有差。於是饗士秣馬。欲往會唐兵。大王前遣太監文泉移書蘇將軍。至是復命。遂傳定方之言曰。我受命。萬里涉滄海而討賊。艤舟海岸。旣踰月矣。大王軍士不至。粮道不繼。其危殆甚矣。王其圖之。大王問羣臣。如之何而可。皆言深入敵境輸粮。勢不得達矣。大王患之咨嗟。庾信前對曰。臣過叨恩遇。忝辱重寄。國家之事。雖死不避。今日是老臣盡節之日也。當向敵國。以副蘇將軍之意。大王前席。執其手下涙曰。得公賢弼。可以無憂。若今玆之役。罔愆于素。則公之功德。曷日可忘。庾信旣受命。至懸鼓岑之岫寺齋戒。卽靈室閉戶。獨坐焚香。累日夜而後出。私自喜曰。吾今之行。得不死矣。將行。王以手書告庾信。出疆之後。賞罰專之可也。十二月十日。與副將軍仁問、眞服、良圖等九將軍。率兵載粮。入高句麗之界。壬戌正月二十三日。至七重河。人皆恐懼。不敢先登。庾信曰。諸君若怕死。豈合來此。遂先自上船而濟。諸將卒相隨渡河。入高句麗之境。慮麗人要於大路。遂自險隘以行。至於蒜壤。庾信與諸將士曰。麗濟二國。侵凌我疆埸。賊害我人民。或虜丁壯以斬戮之。或俘幼少以奴使之者久矣。其可不痛乎。吾今所以不畏死赴難者。欲藉大國之力。滅二城。以雪國讎。誓心告天。以期陰助。而未知衆心如何。故言及之。若輕敵者。必成功而歸。若畏敵。則豈免其禽獲乎。宜同心協力。無不以一當百。是所望於諸公者也。諸將卒皆曰。願奉將軍之命。不敢有偸生之心。乃鼓行向平壤。路逢賊兵。逆擊克之。所得甲兵甚多。至獐塞之險。會天寒烈。人馬疲憊。往往僵仆。庾信露肩執鞭策馬以前驅。衆人見之。努力奔走。出汗不敢言寒。遂過險。距平壤不遠。庾信曰。唐軍乏食窘迫。宜先報之。乃喚步騎監裂起曰。吾少與爾遊。知爾志節。今欲致意於蘇將軍。而難其人。汝可行否。裂起曰。吾雖不肖。濫中軍職。況辱將軍使命。雖死之日。猶生之年。遂與壯士仇近等十五人詣平壤。見蘇將軍曰。庾信等領兵致資粮。已達近境。定方喜以書謝之。庾信等行抵楊隩。見一老人問之。具悉敵國消息。賜之布帛。辭不受而去。庾信營楊隩。遣解漢語者仁問、良圖及子軍勝等達唐營。以王旨餽軍糧。定方以食盡兵疲。不能力戰。及得粮。便廻唐。良圖以兵八百人泛海還國。時麗人伏兵。欲要擊我軍於歸路。庾信以鼓及桴繫羣牛腰尾。使揮擊有聲。又積柴草燃之。使煙火不絕。夜半潛行至瓢河。急渡岸休兵。麗人知之來追。庾信使萬弩俱發。

麗軍且退。率勵諸幢將士分發。拒擊敗之。生禽將軍一人。斬首一萬餘級。王聞之。遣使勞之。及至。賞賜封邑爵位有差。龍朔三年癸亥。百濟諸城潛圖興復。其渠帥據豆率城。乞師於倭爲援助。大王親率庾信、仁問、天存、竹旨等將軍。以七月十七日征討。次熊津州。與鎮守劉仁願合兵。八月十三日。至于豆率城。百濟人與倭人出陣。我軍力戰大敗之。百濟與倭人皆降。大王謂倭人曰。惟我與爾國隔海分疆。未嘗交構。但結好講和。聘問交通。何故今日與百濟同惡。以謀我國。今爾軍卒在我掌握之中。不忍殺之。爾其歸告爾王。任其所之。分兵擊諸城降之。唯任存城。地險城固。而又粮多。是以攻之三旬不能下。士卒疲困肰兵。大王曰。今雖一城未下。而諸餘城保皆降。不可謂無功。乃振旅而還。冬十一月二十日至京。賜庾信田五百結。其餘將卒賞賜有差。

三國史記卷第四十二

三國史記卷第四十三

輸忠定難靖國贊化同德功臣開府儀同三司檢校太師守太保門下侍中判尚書吏禮部事集賢殿大學士監修國史上柱國致仕臣金富軾奉
宣撰

列傳第三 金庾信下

麟德元年甲子三月。百濟餘衆又聚泗沘城反叛。熊州都督發所管兵士。攻之累日。霧塞不辨人物。是故不能戰。使伯山來告之。庾信授之陰謀。以克之。麟德二年。高宗遣使梁冬碧、任智高等來聘。兼册庾信奉常正卿平壤郡開國公食邑二千戶。乾封元年。皇帝勅召庾信長子大阿飡三光。爲左武衛翊府中郞將。仍令宿衞。摠章元年戊辰。唐高宗皇帝遣英國公李勣。興師伐高句麗。遂徵兵於我。文武大王欲出兵應之。遂命欽純仁問爲將軍。欽純告王曰。若不與庾信同行。恐有後悔。王曰。公等三臣國之寶也。若摠向敵場。儻有不虞之事。而不得歸。則其如國何。故欲留庾信守國。則隱然若長城。終無憂矣。欽純庾信之弟。仁問庾信之外甥。故尊事之。不敢抗。至是告庾信曰。吾等不材。今從大王就不測之地。爲之奈何。願有所指誨。答曰。夫爲將者。作國之干城。君之爪牙。決勝否於矢石之間。必上得天道。下得地理。中得人心。然後可得成功。今我國以忠信而存。百濟以傲慢而亡。高句麗以驕滿而殆。今若以我之直、擊彼之曲。可以得志。况憑大國明天子之威稜哉。往矣、勉焉。無墮乃事。二公拜曰。奉以周旋。不敢失墜。文武大王既與英公破平壤。還到南漢州。謂羣臣曰。昔者百濟明襛王。在古利山。謀侵我國。庾信之祖武力角干爲將逆擊之。乘勝俘其王及宰相四人與士卒。以折其衝。又其父舒玄爲良州摠管。屢與百濟戰。挫其銳。使不得犯境。故邊民安農桑之業。君臣無宵旰之憂。今庾信承祖考之業。爲社稷之臣。出將入相。功績茂焉。若不倚賴公之一門。國之興亡未可知也。其於職賞宜如何也。羣臣曰。誠如王旨。於是授太大舒發翰之職。食邑五百戶。仍賜輿杖。上殿不趨。其諸寮佐各賜位一級。摠章元年。唐皇帝既策英公之功。遂遣使宣慰。濟師助戰。兼賜金帛。亦授詔書於庾信。以褒獎之。且諭入朝。而不果行。其詔書傳於家。至五世孫失焉。咸寧四年癸酉。是文武大王十三年。春妖星見。地震。大王憂之。庾信進曰。今之變異。厄在老臣。非國家之災也。王請勿憂。大王曰。若此則寡人所甚憂也。命有司祈禳之。夏六月。人或見戎服持兵器數十人。自庾信宅泣而去。俄而不見。庾信聞之曰。此必陰兵護我者。見我福盡。是以去。吾其死矣。後旬有餘日寢疾。大王親臨慰問。庾信曰。臣願竭股肱之力。以奉元首。而犬馬之疾至此。今日之後。不復再見龍顏矣。大王泣曰。寡人之有卿。如魚有水。若有不可諱。其如人民何。其如社稷何。庾信對曰。臣愚不肖。豈能有益於國家。所幸者。明上用之不疑。任之勿貳。故得攀附王明。成尺寸功。

三韓爲一家。百姓無二心。雖未至太平。亦可謂小康。臣觀自古繼體之君。靡不有初。鮮克有終。累世功績。一朝隳廢。甚可痛也。伏願殿下知成功之不易。念守成之亦難。疏遠小人。親近君子。使朝廷和於上。民物安於下。禍亂不作。基業無窮。則臣死且無憾。王泣而受之。至秋七月一日。薨于私第之正寢。享年七十有九。大王聞訃震慟。贈賻彩帛一千匹租二千石。以供喪事。給軍樂鼓吹一百人。出葬于金山原。命有司立碑。以紀功名。又定入民戶以守墓焉。妻智炤夫人。太宗大王第三女也。生子五人。長曰三光伊飡。次元述蘇判。次元貞海干。次長耳大阿飡。次元望大阿飡。女子四人。又庶子軍勝阿飡。失其母姓氏。後智炤夫人落髮。衣褐爲比丘尼。時大王謂夫人曰。今中外平安。君臣高枕而無憂者。是太大角干之賜也。惟夫人宜其室家。儆誡相成。陰功茂焉。寡人欲報之德。未嘗一日忘于心。其餽南城租每年一千石。後興德大王封公爲興武大王。初法敏王納高句麗叛衆。又據百濟故地有之。唐高宗大怒。遣師來討。唐軍與靺鞨營於石門之野。王遣將軍義福、春長等禦之。營於帶方之野。時長槍幢獨別營。遇唐兵三千餘人。捉送大將軍之營。於是諸幢共言。長槍營獨處成功。必得厚賞。吾等不宜屯聚。徒自勞耳。遂各別兵分散。唐兵與靺鞨乘其未陳擊之。吾人大敗。將軍曉川、義文等死之。庾信子元述爲裨將。亦欲戰死。其佐淡凌止之曰。大丈夫非死之難。處死之爲難也。若死而無成。不若生而圖後効。答曰。男兒不苟生。將何面目以見吾父乎。便欲策馬而走。淡凌攬轡不放。遂不能死。隨上將軍出蕪荑嶺。唐兵追及之。居烈州大監阿珍含一吉干謂上將軍曰。公等努力速去。吾年已七十。能得幾時活也。此時是吾死日也。便橫戟突陣而死。其子亦隨而死。大將軍等微行入京。大王聞之。問庾信曰。軍敗如此奈何。對曰。唐人之謀不可測也。宜使將卒各守要害。但元述不惟辱王命。而亦負家訓。可斬也。大王曰。元述裨將。不可獨施重刑。乃赦之。元述慚懼。不敢見父。隱遁於田園。至父薨後。求見母氏。母氏曰。婦人有三從之義。今既寡矣。宜從於子。若元述者。既不得爲子於先君。吾焉得爲其母乎。遂不見之。元述慟哭擗踴而不能去。夫人終不見焉。元述嘆曰。爲淡凌所誤。至於此極。乃入太伯山。至乙亥年。唐兵來攻買蘇川城。元述聞之。欲死之以雪前恥。遂力戰有功賞。以不容於父母。憤恨不仕。以終其身。嫡孫允中仕聖德大王。爲大阿飡。屢承恩顧。王之親屬頗嫉妬之。時屬仲秋之望。王登月城岑頭眺望。乃與侍從官置酒以娛。命喚允中。有諫者曰。今宗室戚里豈無好人。而獨召疏遠之臣。豈所謂親親者乎。王曰今寡人與卿等安平無事者。允中祖之德也。若如公言忘棄之。則非善善及子孫之義也。遂賜允中密坐。言及其祖平生。日晚告退。賜絕影山馬一匹。群臣觖望而已。開元二十一年。大唐遣使教諭曰。靺鞨渤海。外稱蕃翰。內懷狡猾。今欲出兵問罪。卿亦發兵相爲掎角。聞有舊將金庾信孫允中在。須差此人爲將。仍賜允中金帛若干。於是大王命允中弟允文等四將軍。率兵會唐兵伐渤海。允中庶孫巖。性聰敏。好習方術。少壯爲伊飡。入唐宿衛。間就師學陰陽家法。聞一隅則反之以三隅。自述遁甲立成之法。呈於其師。師憮然曰。不圖吾子之明達至於此也。從是而後。不敢以弟子待之。大曆中。還國爲司天大博士。歷良康漢三州太守。復爲執事侍郎、浿江鎭頭上。所至盡心撫字。三務之餘。敎之以六陣兵法。人皆便之。嘗有蝗蟲。自西入浿江之界。蠢然蔽野。百姓憂懼。巖登山頂。焚香祈天。忽風雨大作。蝗蟲盡死。大曆十四年己未。受命聘日本國。其國王知其賢。欲勸留之。會大唐使臣高鶴林來。相見甚懽。倭人認巖爲大國所知。故不敢留。乃還。夏四月。旋風坌起。自庾信墓至始祖大王之陵。塵霧暗冥。不辨人物。守陵人聞其中若有哭泣悲嘆之聲。惠恭大王聞之恐懼。遣大臣致祭謝過。仍於鷲仙寺納田三十結。以資冥福。是寺庾信平麗濟二國所營立也。庾信玄孫新羅執事郎長淸作行錄十卷。行於世。頗多釀辭。故刪落之。取其可書者爲之傳。

論曰。唐李絳對憲宗曰。遠邪佞進忠直。與大臣言。敬而信。無使小人參焉。與賢者遊親而禮。無使不肖預焉。誠哉斯言也。實爲君之要道也。故書曰。任賢勿貳。去邪勿疑。觀夫新羅之待庾信也。親近而無間。委任而不貳。謀行言聽。不使怨乎不以。可謂得六五童蒙之吉。故庾信得以行其志。與上國協謀。合三土爲一家。能以功名終焉。雖有乙支文德之智略、張保皐之義勇。微中國之書。則泯滅而無聞。若庾信則鄕人稱頌之。至今不亡。士大夫知之可也。至於蒭童牧豎亦能知之。則其爲人也必有以異於人矣。

三國史記卷第四十三

三國史記卷第四十四

輸忠定難靖國贊化同德功臣開府儀同三司檢校太師守太保門下侍中判尚書吏禮部事集賢殿太學士監修國史上柱國致仕臣金富軾奉

宣撰

列傳第四

乙支文德 居柒夫 居道 異斯夫 金仁問
金陽 黑齒常之 張保皐 斯多含

乙支文德。未詳其世系。資沈鷙有智數。兼解屬文。隋開皇中。煬帝下詔征高句麗。於是左翊衛大將軍宇文述出扶餘道。右翊衛大將軍于仲文。出樂浪道。與九軍至鴨淥水。文德受王命。詣其營詐降。實欲觀其虛實。述與仲文先奉密旨。若遇王及文德來則執之。仲文等將留之。尚書右丞劉士龍爲慰撫使。固止之。遂聽文德歸。深悔之。遣人紿文德曰。更欲有議。可復來。文德不顧。遂濟鴨淥而歸。述與仲文旣失文德。內不自安。述以粮盡欲還。仲文謂以精銳追文德。可以有功。述止之。仲文怒曰。將軍仗十萬兵。不能破小賊。何顔以見帝。述等不得已而從之。度鴨淥水追之。文德見隋軍士有饑色。欲疲之。每戰輒北。述等一日之中七戰皆捷。旣恃驟勝。又逼羣議。遂進東濟薩水。去平壤城三十里。因山爲營。文德遺仲文詩曰。神策究天文、妙筭窮地理、戰勝功旣高、知足願云止。

仲文答書諭之。文德又遣使詐降。請於述曰。若旋師者。當奉王朝行在所。述見士卒疲弊不可復戰。又平壤城險固。難以猝拔。遂因其詐而還。爲方陣而行。文德出軍。四面鈔擊之。述等且戰且行。至薩水。軍半濟。文德進軍擊其後軍。殺右屯衛將軍辛世雄。於是諸軍俱潰。不可禁止。九軍將士奔還。一日一夜至鴨淥水。行四百五十里。初度遼。九軍三十萬五千人。及還至遼東城。唯二千七百人。

論曰。煬帝遼東之役。出師之盛。前古未之有也。高句麗一偏方小國。而能拒之。不唯自保而已。滅其軍幾盡者。文德一人之力也。傳曰。不有君子。其能國乎。信哉。

居柒夫（或云荒宗）姓金氏。奈勿王五世孫。祖仍宿角干。父勿力伊飡。居柒夫少跅弛有遠志。祝髮爲僧。遊觀四方。便欲覘高句麗。入其境。聞法師惠亮開堂說經。遂詣聽講經。一日惠亮問曰。沙彌從何來。對曰。某新羅人也。其夕法師招來相見。握手密言曰。吾閱人多矣。見汝容貌。定非常流。其殆有異心乎。答曰。某生於偏方。未聞道理。聞師之德譽。來伏下風。願師不拒。以卒發蒙。師曰。老僧不敏。亦能識子。此國雖小。不可謂無知人者。恐子見執。故密告之。宜疾其歸。居柒夫欲還。師又語曰。相汝鷰頷鷹視。將來必爲將帥。若以兵行。無貽我害。居柒夫曰。若如師言。所不與師同好者。有如皦日。遂還國。返本從仕職。至大阿飡。眞興大王六年乙丑。承朝旨。集諸文士。修撰國史。加官波珍飡。十二年辛未。王命居柒夫及仇珍大角飡、比台角飡、耽知迊飡、非西迊飡、奴夫波珍飡、西力夫波珍飡、比次夫大阿飡、未珍夫阿飡等八將軍。與百濟侵高句麗。百濟人先攻破平壤。居柒夫等乘勝取竹嶺以外高峴以內十郡。至是惠亮法師領其徒出路上。居柒夫下馬。以軍禮揖拜。進曰。昔遊學之日。蒙法師之恩。得保性命。今邂逅相遇。不知何以爲報。對曰。今我國政亂。滅亡無日。願致之貴域。於是居柒夫同載以歸。見之於王。王以爲僧統。始置百座講會及八關之法。眞智王元年丙申。居柒夫爲上大等。以軍國事務自任。至老終於家。享年七十八。

居道。失其族姓。不知何所人也。仕脫解尼師今爲干。時于尸山國、居柒山國介居鄰境。頗爲國患。居道爲邊官。潛懷幷呑之志。每年一度集羣馬於張吐之野。使兵士騎之馳走以爲戲樂。時人稱爲馬叔。兩國人習見之。以爲新羅常事。不以爲怪。於是起兵馬。擊其不意。以滅二國。

異斯夫。(或云苔宗)姓金氏。奈勿王四世孫。智度路王時。爲沿邊官。襲居道權謀。以馬戲誤加耶(或云加羅)國取之。至十三年壬辰。爲阿瑟羅州軍主。謀幷于山國。謂其國人愚悍。難以威降。可以計服。乃多造木偶師子。分載戰舡。抵其國海岸。詐告曰。汝若不服。則放此猛獸踏殺之。其人恐懼則降。眞興王在位十一年、大寶元年。百濟拔高句麗道薩城。高句麗陷百濟金峴城。王乘兩國兵疲。命異斯夫出兵擊之。取二城增築。留甲士戍之。時高句麗遣兵來攻金峴城。不克而還。異斯夫追擊之大勝。

金仁問。字仁壽。太宗大王第二子也。幼而就學。多讀儒家之書。兼涉莊老浮屠之說。又善隸書射御鄕樂。行藝純熟。識量宏弘。時人推許。永徽二年。仁問年二十三歲。受主命入大唐宿衛。高宗謂涉海來朝、忠誠可尙。特授左領軍衛將軍。四年。詔許歸國覲省。太宗大王授以押督州摠管。於是築獐山城。以設險。太宗錄其功。授食邑三百戶。新羅屢爲百濟所侵。願得唐兵爲援助、以雪羞恥。擬諭宿衛。仁問乞師。會高宗以蘇定方爲神丘道大摠管。率師討百濟。帝徵仁問。問道路險易去就便宜。仁問應對尤詳。帝悅。制授神丘道副大摠管。勅赴軍中。遂與定方濟海。到德物島。王命太子與將軍庾信、眞珠、天存等。以巨艦一百艘載兵迎。延之至熊津口。賊瀕江屯兵。戰破之。乘勝入其都城滅之。定方俘王義慈及太子孝、王子泰等廻唐。大王嘉尙仁問功業。授波珍飡。又加角干。尋入唐宿衛如前。龍朔元年。高宗召謂曰。朕旣滅百濟。除爾國患。今高句麗負固。與穢貊同惡。違事大之禮。棄善鄰之義。朕欲遣兵致討。爾歸告國王。出師同伐。以殲垂亡之虜。仁問便歸國。以致帝命。國王使仁問與庾信等練兵以待。皇帝命邢國公蘇定方爲遼東道行軍大摠管。以六軍長驅萬里。迓麗人於浿江擊破之。遂圍平壤。麗人固守。故不能克。士馬多死傷。糧道不繼。仁問與留鎭劉仁願率兵兼輸米四千石、租二萬餘斛赴之。唐人得食。以大雪解圍還。羅人將歸。高句麗謀要擊於半途。仁問與庾信詭謀夜遁。麗人翌日覺而追之。仁問等廻擊大敗之。斬首一萬餘級。獲人五千餘口而歸。仁問又入唐。以乾封元年。扈駕登封泰山。加授右驍衛大將軍。食邑四百戶。摠章元年戊辰。高宗皇帝遣英國公李勣。帥師伐高句麗。又遣仁問徵兵於我。文武大王與仁問出兵二十萬。行至北漢山城。王住此。先遣仁問等。領兵會唐兵擊平壤。月餘。執王臧。仁問使王跪於英公前。數其罪。王再拜。英公禮荅之。卽以王及男產、男建、男生等還。文武大王以仁問英略勇功特異常倫。賜故大琢角干朴紐食邑五百戶。高宗亦聞仁問屢有戰功。制曰。爪牙良將。文武英材。制爵疏封。尤宜嘉命。仍加爵秩。食邑二千戶。自後侍衛宮禁。多歷年所。上元元年。文武王納高句麗叛衆。又據百濟故地。唐皇帝大怒。以劉仁軌爲雞林道大摠管。發兵來討。詔削王官爵。時仁問爲右驍衛員外大將軍臨海郡公。在京師。立以爲王。令歸國以代其兄。仍策爲雞林州大都督開府儀同三司。仁問懇辭不得命。遂上道。會王遣使入貢且謝罪。皇帝赦之。復王官爵。仁問中路而還。亦復前銜。調露元年。轉鎭軍大將軍行右武威衛大將軍。載初元年。授輔國大將軍上柱國臨海郡開國公左羽林軍將軍。延載元年四月二十九日。寢疾薨於帝都。享年六十六。訃聞。上震悼。贈襚加等。命朝散大夫行司禮寺大醫署令陸元景、判官朝散郎直司禮寺某等。押送靈柩。孝昭大王追贈太大角干。命有司以延載二年十月二十七日。窆于京西原。仁問七入大唐。在朝宿衛。計月日凡二十二年。時亦有良圖海飡。六入唐。死于西京。失其行事始末。

金陽。字魏昕。太宗大王九世孫也。曾祖周元伊飡。祖宗基蘇判。考貞茹波珍飡。皆以世家爲將相。陽生而英傑。大和二年、興德王三年。爲固城郡大守。尋拜中原大尹。俄轉武州都督。所臨有政譽。開成元年丙辰。興德王薨。無嫡嗣。王之堂弟均貞、堂弟之子悌隆爭嗣位。陽與均貞之子阿飡祐徵、均貞妹壻禮徵。奉均貞爲王。入積板宮。以族兵宿衛。

悌隆之黨金明利弘等來圍。陽陳兵宮門以拒之。曰。新君在此。爾等何敢兇逆如此。遂引弓射殺十數人。悌隆下裴萱伯射陽中股。均貞曰。彼衆我寡。勢不可遏。公其佯退以爲後圖。陽於是突圍而出。至韓歧一作漢祇市。均貞沒於亂兵。陽號泣旻天。誓心白日。潛藏山野。以俟時來。至開成二年八月。前侍中祐徵收殘兵入淸海鎭。結大使弓福。謀報不同天之讎。陽聞之。募集謀士兵卒。以三年二月入海。見祐徵與謀擧事。三月。以勁卒五千人襲武州至城下。州人悉降。進次南原。迓新羅兵與戰克之。祐徵以士卒久勞。且歸海鎭。養兵秣馬。冬。彗孛見西方。芒角指東。衆賀曰。此除舊布新。報冤雪恥之祥也。陽號爲平東將軍。十二月。再出。金亮詢以鵡洲軍來。祐徵又遣驍勇閻長、張弁、鄭年、駱金、張建榮、李順行六將統兵。軍容甚盛。鼓行至武州鐵冶縣北州。新羅大監金敏周以兵逆之。將軍駱金、李順行以馬兵三千突入彼軍。殺傷殆盡。四年正月十九日。軍至大丘。王以兵迎拒。逆擊之。王軍敗北。生擒斬獲。莫之能計。時王顚沛逃入離宮。兵士尋害之。陽於是命左右將軍領騎士徇曰。本爲報讎。今渠魁就戮。衣冠士女百姓。宜各安居勿妄動。遂收復王城。人民案堵。陽召萱伯曰。犬各吠非其主。爾以其主射我。義士也。我勿校。爾安無恐。衆聞之曰。萱伯如此。其他何憂。無不感悅。四月。淸宮奉迎侍中祐徵卽位。是爲神武王。至七月二十三日。大王薨。太子嗣位。是爲文聖王。追錄功。授蘇判兼倉部令。轉侍中兼兵部令。唐聘問。兼授公檢校衛尉卿。大中十一年八月十三日。薨于私第。享年五十。訃聞。大王哀慟。追贈舒發翰。其賵賻殮葬。一依金庾信舊例。以其年十二月八日。陪葬于太宗大王之陵。從父兄昕。字泰。父璋如仕至侍中波珍飡。昕幼而聰悟。好學問。長慶二年。憲德王將遣人入唐。難其人。或薦昕。太宗之裔。精神朗秀。器宇深沉。可以當選。遂令入朝宿衛。歲餘請還。皇帝詔授金紫光祿大夫試大常卿。及歸。國王以不辱命。擢授南原太守。累遷至康州大都督。尋加伊飡兼相國。開成己未閏正月。爲大將軍。領軍十萬。禦清海兵於大丘。敗績。自以敗軍又不能死綏。不復仕宦。入小白山。葛衣蔬食。與浮圖遊。至大中三年八月二十七日感疾。終於山齋。享年四十七歲。以其年九月十日。葬於奈靈郡之南原。無嗣子。夫人主喪事。後爲比丘尼。

黑齒常之。百濟西部人。長七尺餘。驍毅有謀略。爲百濟達率兼風達郡將。猶唐刺史云。蘇定方平百濟。常之以所部降。而定方囚老王。縱兵大掠。常之懼。與左右酋長十餘人遯去。嘯合逋亡。依任存山自固。不旬日歸者三萬。定方勒兵攻之。不克。遂復二百餘城。龍朔中。高宗遣使招諭。乃詣劉仁軌降。入唐爲左領軍員外將軍洋州刺史。累從征伐。積功授爵。賞殊等。久之爲燕然道大摠管。與李多祚等擊突厥破之。左監門衛中郎將寶璧欲窮追邀功。詔與常之共討。寶璧獨進。爲虜所覆。擧軍沒。寶璧下吏誅。常之坐無功。會周興等誣其與鷹揚將軍趙懷節叛。捕繫詔獄。投繯死。常之御下有恩。所乘馬爲士所箠。或請罪之。答曰。何遽以私馬鞭官兵乎。前後賞賜分麾下無留貲。及死。人皆哀其枉。

張保皐。（羅紀作弓福）鄭年。（年或作連）皆新羅人。但不知鄉邑父祖。皆善鬪戰。年復能沒海底。行五十里不噎。角其勇壯。保皐差不及也。年以兄呼保皐。保皐以齒。年以藝。常齟齬不相下。二人如唐爲武寧軍小將。騎而用槍。無能敵者。後保皐還國。謁大王曰。遍中國以吾人爲奴婢。願得鎭清海。使賊不得掠人西去。清海新羅海路之要。今謂之莞島。大王與保皐萬人。此後海上無鬻鄉人者。保皐既貴。年去職饑寒。在泗之漣水縣。一日言於戍將馮元規曰。我欲東歸乞食於張保皐。元規曰。若與保皐所負如何。奈何去取死其手。年曰。饑寒死。不如兵死快。況死故鄉耶。遂去謁保皐。飲之極歡。飲未卒。聞王弒國亂無主。保皐分兵五千人與年。持年手泣曰。非子不能平禍難。年入國誅叛者立王。王召保皐爲相。以年代守清海。（此與新羅傳記頗異。以杜牧立傳。故兩存之。）

論曰。杜牧言。天寶安祿山亂。朔方節度使安思順。以祿山從弟賜死。詔郭汾陽代之。後旬日復詔李臨淮。持節分朔方半兵。東出趙魏。當思順時。汾陽、臨淮俱爲牙門都將。二人不相能。雖同盤飲食。常睇相視。不交一言。及汾陽代思順。臨淮欲亡去。計未決。詔臨淮分汾陽半兵東討。臨淮入請曰。一死固甘。乞免妻子。汾陽趍下。持手上堂。偶坐曰。今國亂主遷。非公不能東伐。豈懷私忿時耶。及別執手泣涕。相勉以忠義。訖平巨盜。實二公之力。知其心不叛。知其材可任。然後心不疑。兵可分。平生積憤。知其心難也。忿必見短。知其材益難也。此保皐與汾陽之賢等耳。年投保皐。必曰。彼貴我賤。我降下之。不宜以舊忿殺我。保皐果不殺。人之常情也。臨淮請死於汾陽。亦人之常情也。保皐任年事。出於己。年且饑寒。易爲感動。汾陽臨淮平生抗立。臨淮之命出於天子。擢於保皐。汾陽爲優。此乃聖賢遲疑成敗之際也。彼無他也。仁義之心與雜情並植。雜情勝則仁義滅。仁義勝則雜情消。彼二人仁義之心既勝。復資之以明。故卒成功。世稱周召爲百代之師。周公擁孺子。而召公疑之。以周公之聖、召公之賢。少事文王。老佐武王。能平天下。周公之心。召公且不知之。苟有仁義之心。不資以明。雖召公尙爾。況其下哉。語曰。國有一人。其國不亡。夫亡國非無人也。丁其亡時。賢人不用。苟能用之。一人足矣。宋祁曰。嗟乎不以怨毒相甚。而先國家之憂。晉有祁奚。唐有汾陽、保皐。孰謂夷無人哉。

斯多含。系出眞骨。奈密王七世孫也。父仇梨知級飡。本高門華胄。風標清秀。志氣方正。時人請奉爲花郎。不得已爲之。其徒無慮一千人。盡得其歡心。眞興王命伊飡異斯夫襲加羅一作加耶國。時斯多含年十五六。請從軍。王以幼少不許。其請勤而志確。遂命爲貴幢裨將。其徒從之者亦衆。及抵其國界。請於元帥。領麾下兵。先入旃檀梁。旃檀梁城門名。加羅語謂門爲梁云。其國人不意兵猝至。驚動不能禦。大兵乘之。遂滅其國。洎師還。王策功賜加羅人口三百。受已皆放。無一留者。又賜田。固辭。王强之。請賜閼川不毛之地而已。含始與武官郎約爲死友。武官病卒。哭之慟甚。七日亦卒。時年十七歲。

三國史記卷第四十四

三國史記卷第四十五

輸忠定難靖國贊化同德功臣開府儀同三司檢校大師守大保門下侍中判尚書吏禮部事集賢殿大學士監修國史上柱國致仕臣金富軾奉
宣撰

列傳第五

乙巴素　金后稷　祿眞　密友·紐由　明臨答夫
昔于老　朴堤上　貴山　溫達

乙巴素。高句麗人也。國川王時。沛者於畀留、評者左可慮等。皆以外戚擅權。多行不義。國人怨憤。王怒欲誅之。左可慮等謀反。王誅竄之。遂下令曰。近者官以寵授。位非德進。毒流百姓。動我王家。此寡人不明所致也。今汝四部。各擧賢良在下者。於是四部共擧東部晏留。王徵之。委以國政。晏留言於王曰。微臣庸愚。固不足以叅大政。西鴨渌谷左勿村乙巴素者。琉璃王大臣乙素之孫也。性質剛毅。智慮淵深。不見用於世。力田自給。大王若欲理國。非此人則不可。王遣使以卑辭重禮聘之。拜中畏大夫。加爵爲于台。謂曰。孤叨承先業。處臣民之上。德薄材短。未濟於理。先生藏用晦明。窮處草澤者久矣。今不我棄。幡然而來。非獨孤之喜幸。社稷生民之福也。請安承敎。公其盡心。巴素意雖許國。謂所受職不足以濟事。乃對曰。臣之駑蹇。不敢當嚴命。願大王選賢良授高官。以成大業。王知其意。乃除爲國相。令知政事。於是朝臣國戚謂巴素以新間舊。疾之。王有教曰。無貴賤。苟不從國相者族之。巴素退而告人曰。不逢時則隱。逢時則仕。士之常也。今上待我以厚意。其可復念舊隱乎。乃以至誠奉國。明政教。愼賞罰。人民以安。內外無事。王謂晏留曰。若無子之一言。孤不能得巴素以共理。今庶績之凝。子之功也。迺拜爲大使者。至山上王七年秋八月。巴素卒。國人哭之慟。

金后稷。智證王之曾孫。事眞平大王爲伊飡。轉兵部令。大王頗好田獵。后稷諫曰。古之王者。必一日萬機。深思遠慮。左右正士。容受直諫。孳孳矻矻。不敢逸豫。然後德政醇美。國家可保。今殿下日與狂夫獵士。放鷹犬逐雉兎。奔馳山野。不能自止。老子曰。馳騁田獵。令人心狂。書曰。內作色荒。外作禽荒。有一于此。未或不亡。由是觀之。內則蕩心。外則亡國。不可不省也。殿下其念之。王不從。又切諫。不見聽。後后稷疾病將死。謂其三子曰。吾爲人臣。不能匡救君惡。恐大王遊娛不已。以至於亡敗。是吾所憂也。雖死必思有以悟君。須瘗吾骨於大王遊畋之路側。子等皆從之。他日王出行。半路有遠聲。若曰莫去。王顧問聲何從來。從者告云。彼后稷伊飡之墓也。遂陳后稷臨死之言。大王潸然流涕曰。夫子忠諫。死而不忘。其愛我也深矣。若終不改。其何顏於幽明之間耶。遂終身不復獵。

祿眞。姓與字未詳。父秀奉一吉飡。祿眞二十三歲始仕。屢經內外官。至憲德大王十年戊戌。爲執事侍郎。十四年。國王無嗣子。以母弟秀宗爲儲貳。入月池宮。時忠恭角干爲上大等。坐政事堂。注擬內外官。退公感疾。召國醫診脉。曰。病在心臟。須服龍齒湯。遂告暇三七日。杜門不見賓客。於是祿眞造而請見。門者拒焉。祿眞曰。下官非不知相公移疾謝客。須獻一言於左右。以開鬱悒之慮。故此來耳。若不見則不敢退也。門者再三復之。於是引見。祿眞進曰。伏聞寶體不調。得非早朝晚罷。蒙犯風露。以傷榮衛之和。失支體之安乎。曰。未至是也。但昏昏嘿嘿。精神不快耳。祿眞曰。然則公之病。不須藥石。不須針砭。可以至言高論一攻而破之也。公將聞之乎。曰。吾子不我遐遺。惠然光臨。願聽玉音。洗我胸臆。祿眞曰。彼梓人之爲室也。材大者爲梁柱。小者爲椽榱。偃者、植者各安所施。然後大廈成焉。古者賢宰相之爲政也。又何異焉。才巨者置之高位。小者授之薄任。內則六官、百執事。外則方伯、連率、郡守、縣令。朝無闕位。位無非人。上下定矣。賢不肖分矣。然後王政成焉。今則不然。徇私而滅公。爲人而擇官。愛之則雖不材擬送於雲霄。憎之則雖有能圖陷於溝壑。取捨混其心。是非亂其志。則不獨國事溷濁。而爲之者亦勞且病矣。若其當官淸白。莅事恪恭。杜貨賂之門。遠請託之累。黜陟只以幽明。予奪不以愛憎。如衡焉不可枉以輕重。如繩焉不可欺以曲直。如是則刑政允穆。國家和平。雖曰開孫弘之閤。置曹參之酒。與朋友故舊。談笑自樂可也。又何必區區於服餌之間。徒自費日廢事爲哉。角干於是謝遣醫官。命駕朝王室。王曰。謂卿刻日服藥。何以來朝。答曰。臣聞祿眞之言。同於藥石。豈止飮龍齒湯而已哉。因爲王一一陳之。王曰。寡人爲君。卿爲相。而有人直言如此。何喜如焉。不可使儲君不知。宜往月池宮。儲君聞之。入賀曰。嘗聞君明則臣直。此亦國家之美事也。後熊川州都督憲昌反叛。王擧兵討之。祿眞從事有功。王授位大阿飡。辭不受。

密友。紐由者。並高句麗人也。東川王二十年。魏幽州刺史毋丘儉將兵來侵。陷丸都城。王出奔。將軍王頎追之。王欲奔南沃沮。至于竹嶺。軍士奔散殆盡。唯東部密友獨在側。謂王曰。今追兵甚迫。勢不可脫。臣請決死而禦之。王可遁矣。遂募死士。與之赴敵力戰。王僅得脫而去。依山谷聚散卒自衛。謂曰。若有能取密友者。厚賞之。下部劉屋句前對曰。臣試往焉。遂於戰地見密友伏地。乃負而至。王枕之以股。久而乃蘇。王間行轉輾至南沃沮。魏軍追不止。王計窮勢屈。不知所爲。東部人紐由進曰。勢甚危迫。不可徒死。臣有愚計。請以飮食往犒魏軍。因伺隙刺殺彼將。若臣計得成。則王可奮擊決勝。王曰。諾。紐由入魏軍。詐降曰。寡君獲罪於大國。逃至海濱。措躬無地矣。將以請降於陣前。歸死司寇。先遣小臣致不腆之物。爲從者羞。魏將聞之。將受其降。紐由隱刀食器。進前拔刀。刺魏將胷。與之俱死。魏軍遂亂。王分軍爲三道。急擊之。魏軍擾亂不能陳。遂自樂浪而退。王復國。論功。以密友、紐由爲第一。賜密友巨谷、青木谷。賜屋句鴨淥、豆訥河原以爲食邑。追贈紐由爲九使者。又以其子多優爲大使者。

明臨荅夫。高句麗人也。新大王時。爲國相。漢玄菟郡太守耿臨發大兵欲攻我。王問羣臣戰守孰便。衆議曰。漢兵恃衆輕我。若不出戰。彼以我爲怯數來。且我國山險而路隘。此所謂一夫當關、萬夫莫當者也。漢兵雖衆。無如我何。請出師禦之。荅夫曰。不然。漢國大民衆。今以强兵遠鬪。其鋒不可當也。而又兵衆者宜戰。兵少者宜守。兵家之常也。今漢人千里轉糧。不能持久。若我深溝高壘。淸野以待之。彼必不過旬月。饑困而歸。我以勁卒迫之。可以得志。王然之。嬰城固守。漢人攻之不克。士卒饑餓引還。答夫帥師數千騎追之。戰於坐原。漢軍大敗。匹馬不反。王大悅。賜答夫坐原及質山爲食邑。十五年秋九月卒。年百十三歲。王自臨慟。罷朝七日。以禮葬於質山。置守墓二十家。

昔于老。奈解尼師今之子。(或云角干水老之子。)助賁王二年七月。以伊飡爲大將軍。出討甘文國破之。以其地爲郡縣。四年七月。倭人來侵。于老逆戰於沙道。乘風縱火。焚賊戰艦。賊溺死且盡。十五年正月。進爲舒弗耶。兼知兵馬事。十六年。高句麗侵北邊。出擊之不克。退保馬頭柵。至夜士卒寒苦。于老躬行勞問。手燒薪蘇暖熱之。羣心感喜如夾纊。沾解王在位。沙梁伐國舊屬我。忽背而歸百濟。于老將兵往討滅之。七年癸酉。倭國使臣葛那古在館。于老主之。與客戲言。早晩以汝王爲鹽奴。王妃爲爨婦。倭王聞之怒。遣將軍于道朱君討我。大王出居于柚村。于老曰。今玆之患。由吾言之不愼。我其當之。遂抵倭軍謂曰。前日之言戲之耳。豈意興師至於此耶。倭人不答。執之。積柴置其上。燒殺之乃去。于老子幼弱不能步。人抱以騎而歸。後爲訖解尼師今。未鄒王時。倭國大臣來聘。于老妻請於國王。私饗倭使臣。及其泥醉。使壯士曳下庭焚之。以報前怨。倭人忿。來攻金城。不克引歸。

論曰。于老爲當時大臣。掌軍國事。戰必克。雖不克亦不敗。則其謀策必有過人者。然以一言之悖。以自取死。又令兩國交兵。其妻能報怨。亦變而非正也。若不爾者。其功業亦可錄也。

朴堤上。或云毛末。始祖赫居世之後。婆娑尼師今五世孫。祖阿道葛文王。父勿品波珍飡。堤上仕爲歃良州干。先是實聖王元年壬寅。與倭國講和。倭王請以奈勿王之子未斯欣爲質。王嘗恨奈勿王使己質於高句麗。思有以釋憾於其子。故不拒而遣之。又十一年壬子。高句麗亦欲得未斯欣之兄卜好爲質。大王又遣之。及訥祇王卽位。思得辯士往迎之。聞水酒村干伐寶靺、一利村干仇里迺、利伊村干波老三人有賢智。召問曰。吾弟二人質於倭麗二國。多年不還。兄弟之故。思念不能自止。願使生還。若之何而可。三人同對曰。臣等聞歃良州干堤上剛勇而有謀。可得以解殿下之憂。於是徵堤上使前。告三臣之言而請行。堤上對曰。臣雖愚不肖。敢不唯命祗承。遂以聘禮入高句麗。語王曰。臣聞交鄰國之道。誠信而已。若交質子。則不及五霸。誠末世之事也。今寡君之愛弟在此。殆將十年。寡君以鶺鴒在原之意。永懷不已。若大王惠然歸之。則若九牛之落一毛。無所損也。而寡君之德大王也、不可量也。王其念之。王曰諾。許與同歸。及歸國。大王喜慰曰。我念二弟如左右臂。今只得一臂奈何。堤上報曰。臣雖奴才。旣以身許國。終不辱命。然高句麗大國。王亦賢君。是故臣得以一言悟之。若倭人不可以口舌諭。當以詐謀可使王子歸來。臣適彼。則請以背國論。使彼聞之。乃以死自誓。不見妻子。抵栗浦汎舟向倭。其妻聞之。奔至浦口。望舟大哭曰。好歸來。堤上回顧曰。我將命入敵國。爾莫作再見期。遂徑入倭國。若叛來者。倭王疑之。百濟人前入倭。讒言新羅與高句麗謀侵王國。倭遂遣兵邏戍新羅境外。會高句麗來侵。幷擒殺倭邏人。倭王乃以百濟人言爲實。又聞羅王囚未斯欣、堤上之家人。謂堤上實叛者。於是出師將襲新羅。兼差堤上與未斯欣爲將。兼使之鄕導。行至海中山島。倭諸將密議。滅新羅後。執堤上、未斯欣妻孥以還。堤上知之。與未斯欣乘舟遊。若捉魚鴨者。倭人見之。以謂無心喜焉。於是堤上勸未斯欣潛歸本國。未斯欣曰。僕奉將軍如父。豈可獨歸。堤上曰。若二人俱發。則恐謀不成。未斯欣抱堤上項。泣辭而歸。堤上獨眠室內晏起。欲使未斯欣遠行。諸人問將軍何起之晚。答曰。前日行舟勞困。不得夙興。及出知未斯欣之逃。遂縛堤上。行舡追之。適煙霧晦冥。望不及焉。歸堤上於王所。則流於木島。未幾。使人以薪火燒爛支體。然後斬之。大王聞之哀慟。追贈大阿飡。厚賜其家。使未斯欣娶其堤上之第二女爲妻。以報之。初未斯欣之來也。命六部遠迎之。及見握手相泣。會兄弟置酒極娛。王自作歌舞。以宣其意。今鄕樂憂息曲是也。

貴山。沙梁部人也。父武殷阿干。貴山少與部人箒項爲友。二人相謂曰。我等期與士君子遊。而不先正心修身。則恐不免於招辱。盍聞道於賢者之側乎。時圓光法師入隋遊學。還居加悉寺。爲時人所尊禮。貴山等詣門。摳衣進告曰。俗士顓蒙。無所知識。願賜一言。以爲終身之誡。法師曰。佛戒有菩薩戒。其別有十。若等爲人臣子。恐不能堪。今有世俗五戒。一曰事君以忠。二曰事親以孝。三曰交友以信。四曰臨戰無退。五曰殺生有擇。

若等行之無忽。貴山等曰。他則既受命矣。所謂殺生有擇。獨未曉也。師曰。六齋日春夏月不殺。是擇時也。不殺使畜。謂馬牛雞犬。不殺細物。謂肉不足一臠。是擇物也。如此唯其所用。不求多殺。此可謂世俗之善戒也。貴山等曰。自今已後。奉以周旋。不敢失墜。眞平王建福十九年壬戌秋八月。百濟大發兵來圍阿莫(一作英)城。王使將軍波珍干乾品。武梨屈、伊梨伐、級干武殷、比梨耶等領兵拒之。貴山、箒項幷以少監赴焉。百濟敗。退於泉山之澤。伏兵以待之。我軍進擊。力困引還。時武殷爲殿。立於軍尾。伏猝出。鉤而下之。貴山大言曰。吾嘗聞之師。曰士當軍無退。豈敢奔北乎。擊殺賊數十人。以己馬出父。與箒項揮戈力鬪。諸軍見之奮擊。橫尸滿野。匹馬隻輪無反者。貴山等金瘡滿身。半路而卒。王與羣臣迎於阿那之野。臨尸痛哭。以禮殯葬。追賜位貴山奈麻、箒項大舍。

溫達。高句麗平岡王時人也。容貌龍鍾可笑。中心則睟然。家甚貧。常乞食以養母。破衫弊履。往來於市井間。時人目之爲愚溫達。平岡王少女兒好啼。王戲曰。汝常啼聒我耳。長必不得爲士大夫妻。當歸之愚溫達。王每言之。及女年二八。欲下嫁於上部高氏。公主對曰。大王常語。汝必爲溫達之婦。今何故改前言乎。匹夫猶不欲食言。況至尊乎。故曰王者無戲言。今大王之命謬矣。妾不敢祇承。王怒曰。汝不從我敎。則固不得爲吾女也。安用同居。宜從汝所適矣。於是公主以寶釧數十枚繫肘後。出宮獨行。路遇一人。問溫達之家。乃行至其家。見盲老母。近前拜問其子所在。老母對曰。吾子貧且陋。非貴人之所可近。今聞子之臭。芬馥異常。接子之手。柔滑如綿。必天下之貴人也。因誰之倆以至於此乎。惟我息不忍饑。取楡皮於山林。久而未還。公主出行。至山下。見溫達負楡皮而來。公主與之言懷。溫達悖然曰。此非幼女子所宜行。必非人也。狐鬼也。勿迫我也。遂行不顧。公主獨歸。宿柴門下。明朝更入。與母子備言之。溫達依違未決。其母曰。吾息至陋。不足爲貴人匹。吾家至窶。固不宜貴人居。公主對曰。古人言。一斗粟猶可舂。一尺布猶可縫。則苟爲同心。何必富貴然後可共乎。乃賣金釧。買得田宅奴婢牛馬器物。資用完具。初買馬。公主語溫達曰。愼勿買市人馬。須擇國馬病瘦而見放者。而後換之。溫達如其言。公主養飼甚勤。馬日肥且壯。高句麗常以春三月三日。會獵樂浪之丘。以所獲猪鹿祭天及山川神。至其日王出獵。羣臣及五部兵士皆從。於是溫達以所養之馬隨行。其馳騁常在前。所獲亦多。他無若者。王召來問姓名。驚且異之。時後周武帝出師伐遼東。王領軍逆戰於拜山之野。溫達爲先鋒。疾鬪斬數十餘級。諸軍乘勝奮擊大克。及論功。無不以溫達爲第一。王嘉歎之曰。是吾女壻也。備禮迎之。賜爵爲大兄。由此寵榮尤渥。威權日盛。及陽岡王卽位。溫達奏曰。唯新羅割我漢北之地爲郡縣。百姓痛恨。未嘗忘父母之國。願大王不以愚不肖。授之以兵。一往必還吾地。王許焉。臨行誓曰。雞立峴、竹嶺已西不歸於我。則不返也。遂行與羅軍戰於阿旦城之下。爲流矢所中。路而死。欲葬。柩不肯動。公主來撫棺曰。死生決矣。於乎歸矣。遂擧而窆。大王聞之悲慟。

三國史記卷第四十五

三國史記卷第四十六

輸忠定難靖國贊化同德功臣開府儀同三司檢校太師守太保門下侍中判尚書吏禮部事集賢殿大學士監修國史上柱國致仕臣金富軾奉

宣撰

列傳第六

强首 崔致遠 薛聰

强首。中原京沙梁人也。父昔諦奈麻。其母夢見人有角而妊身。及生頭後有高骨。昔諦以兒就當時所謂賢者問曰。此兒頭骨如此何也。答曰。吾聞之。伏羲虎形。女媧蛇身。神農牛頭。皐陶馬口。則聖賢同類。而其相亦有不凡者。又觀兒首有黶子。於相法面黶無好。頭黶無惡。則此必奇物乎。父還謂其妻曰。爾子非常兒也。好養育之。當作將來之國士也。及壯自知讀書。通曉義理。父欲觀其志。問曰。爾學佛乎、學儒乎。對曰。愚聞之。佛世外敎也。愚人間人。安用學佛爲。願學儒者之道。父曰。從爾所好。遂就師讀孝經、曲禮、爾雅、文選。所聞雖淺近。而所得愈高遠。魁然爲一時之傑。遂入仕。歷官爲時聞人。强首常與釜谷冶家之女野合。情好頗篤。及年二十歲。父母媒邑中之女有容行者。將妻之。强首辭不可以再娶。父怒曰。爾有時名。國人無不知。而以微者爲偶。不亦可恥乎。强首再拜曰。貧且賤非所羞也。學道而不行之。誠所羞也。嘗聞古人之言曰。糟糠之妻不下堂。貧賤之交不可忘。則賤妾所不忍棄者也。及太宗大王卽位。唐使者至傳詔書。其中有難讀處。王召問之。在王前一見說釋無疑滯。王驚喜。恨相見之晚。問其姓名。對曰。臣本任那加良人。名字頭。王曰。見卿頭骨。可稱强首先生。使製廻謝唐皇帝詔書表。文工而意盡。王益奇之。不稱名。言任生而已。强首未嘗謀生。家貧怡如也。王命有司。歲賜新城租一百石。文武王曰。强首文章自任。能以書翰致意於中國及麗濟二邦。故能結好成功。我先王請兵於唐。以平麗濟者。雖曰武功。亦由文章之助焉。則强首之功豈可忽也。授位沙飡。增俸歲租二百石。至神文大王時卒。葬事官供其賻。贈衣物匹段尤多。家人無所私。皆歸之佛事。其妻乏於食。欲還鄉里。大臣聞之。請王賜租百石。妻辭曰。妾賤者也。衣食從夫。受國恩多矣。今既獨矣。豈敢再辱厚賜乎。遂不受而歸。新羅古記曰。文章則强首、帝文、守眞、良圖、風訓、骨沓。帝文已下事逸。不得立傳。

崔致遠。字孤雲。(或云海雲。)王京沙梁部人也。史傳泯滅。不知其世系。致遠少精敏好學。至年十二。將隨海舶入唐求學。其父謂曰。十年不第。卽非吾子也。行矣勉之。致遠至唐追師。學問無怠。乾符元年甲午。禮部侍郎裴瓚下一擧及第。調授宣州溧水縣尉。考績爲承務郎侍御史內供奉賜紫金魚袋。時黃巢叛。高駢爲諸道行營兵馬都統以討之。辟致遠爲從事。以委書記之任。其表狀書啓傳之至今。及年二十八歲。有歸寧之志。僖宗知之。光啓元年。使將詔書來聘。留爲侍讀兼翰林學士守兵部侍郎知瑞書監。致遠自以西學多所得。及來將行己志。而衰季多疑忌。不能容。出爲大山郡太守。唐昭宗景福二年。納旌節使兵部侍郞金處誨沒於海。卽差橻城郡太守金峻爲告奏使。時致遠爲富城郡太守。祗召爲賀正使。以比歲饑荒。因之盜賊交午。道梗不果行。其後致遠亦嘗奉使如唐。但不知其歲月耳。故其文集有上大師侍中狀云。伏聞東海之外有三國。其名馬韓、卞韓、辰韓。馬韓則高麗。卞韓則百濟。辰韓則新羅也。高麗百濟全盛之時。强兵百萬。南侵吳越。北撓幽燕齊魯。爲中國巨蠹。隋皇失馭。由於征遼。貞觀中我唐太宗皇帝親統六軍渡海。恭行天罰。高麗畏威請和。文皇受降廻蹕。此際我武烈大王。請以犬馬之誠。助定一方之難。入唐朝謁自此而始。後以高麗百濟踵前造惡。武烈七朝請爲鄕導。至高宗皇帝顯慶五年。勅蘇定方。統十道强兵樓舡萬隻。大破百濟。乃於其地置扶餘都督府。招緝遺氓。莅以漢官。以臭味不同。屢聞離叛。遂徙其人於河南。摠章元年命英公徐勣。破高句麗。置安東都督府。至儀鳳三年。徙其人於河南隴右。高句麗殘孽類聚。北依太白山下。國號爲渤海。開元二十年。怨恨天朝。將兵掩襲登州。殺刺史韋俊。於是明皇帝大怒。命內史高品、何行成、大僕卿金思蘭。發兵過海攻討。仍就加我王金某爲正大尉持節充寧海軍事雞林州大都督。以冬深雪厚。蕃漢苦寒。勅命廻軍。至今三百餘年。一方無事。滄海晏然。此乃我武烈大王之功也。今某儒門末學。海外凡材。謬奉表章。來朝樂土。凡有誠懇。禮合披陳。伏見元和十二年。本國王子金張廉風飄至明州下岸。浙東某官發送入京。中和二年。入朝使金直諒爲叛臣作亂。道路不通。遂於楚州下岸。遞迤至楊州。得知聖駕幸蜀。高大尉差都頭張儉。監押送至西川。已前事例分明。伏乞。大師侍中俯降台恩。特賜水陸券牒。令所在供給舟舡熟食及長行驢馬草料。幷差軍將。監送至駕前。此所謂大師侍中姓名亦不可知也。致遠自西事大唐、東歸故國。皆遭亂世。屯邅蹇連。動輒得咎。自傷不偶。無復仕進意。逍遙自放。山林之下。江海之濱。營臺榭植松竹。枕藉書史。嘯詠風月。若慶州南山、剛州氷山、陝州淸凉寺、智異山雙溪寺、合浦縣別墅。此皆遊焉之所。最後帶家隱加耶山海印寺。與母兄浮圖賢俊及定玄師結爲道友。棲遲偃仰。以終老焉。始西遊時。與江東詩人羅隱相知。隱負才自高。不輕許可人。示致遠所製歌詩五軸。又與同年顧雲友善。將歸。顧雲以詩送別。略曰。我聞海上三金鼇、金鼇頭戴山高高、山之上兮、珠宮貝闕黃金殿、山之下兮、千里萬里之洪濤、傍邊一點雞林碧、鼇山孕秀生奇特、十二乘船渡海來、文章感動中華國十八横行戰詞苑。一箭射破金門策。新唐書藝文志云。崔致遠四六集一卷。桂苑筆耕二十卷。注云崔致遠高麗人。賓貢及第爲高駢從事。其名聞上國如此。又有文集三十卷。行於世。初我太祖作興。致遠知非常人、必受命開國。因致書問。有鷄林黃葉。鵠嶺靑松之句。其門人等至國初來朝。仕至達官者非一。　顯宗在位。爲致遠密贊祖業、功不可忘。下敎贈內史令。至十四歲太平二年壬戌五月。贈諡文昌侯。

薛聰。字聰智。祖談捺奈麻。父元曉。初爲桑門。掩該佛書。旣而返本。自號小性居士。聰、性明銳。生知道待。以方言讀九經。訓導後生。至今學者宗之。又能屬文。而世無傳者。但今南地或有聰所製碑銘。文字缺落不可讀。竟不知其何如也。神文大王。以仲夏之月。處高明之室。顧謂聰曰。今日宿雨初歇。薰風微凉。雖有珍饌哀音。不如高談善謔以舒伊鬱。吾子必有異聞。盍爲我陳之。聰曰。唯。臣聞昔花王之始來也。植之以香園。護之以翠幕。當三春而發艷。凌百花而獨出。於是自邇及遐。艶艶之靈。夭夭之英。無不奔走上謁。唯恐不及。忽有一佳人。朱顏玉齒。鮮粧靚服。伶俜而來。綽約而前曰。妾履雪白之沙汀。對鏡淸之海。而沐春雨以去垢。快淸風而自適。其名曰薔薇。聞王之令德。期薦枕於香帷。王其容我乎。又有一丈夫。布衣韋帶。戴白持杖。龍鍾而步。傴僂而來曰。僕在京城之外。居大道之旁。下臨蒼茫之野景。上倚嵯峨之山色。其名曰白頭翁。竊謂左右供給雖足。膏粱以充腸。茶酒以淸神。巾衍儲藏。須有良藥以補氣、惡石以蠲毒。故曰。雖有絲麻。無棄菅蒯。凡百君子。無不代匱。不識王亦有意乎。或曰。二者之來。何取、何捨。花王曰。丈夫之言。亦有道理。而佳人難得。將如之何。丈夫進而言曰。吾謂王聰明識理義。故來焉耳。今則非也。凡爲君者。鮮不親近邪佞、疎遠正直。是以孟軻不遇以終身。馮唐郞潛而皓首。自古如此。吾其奈何。花王曰。吾過矣、吾過矣。於是王愀然作色曰。子之寓言誠有深志。請書之以爲王者之戒。遂擢聰以高秩。世傳日本國眞人贈新羅使薛判官詩序云。嘗覽元曉居士所著金剛三昧論。深恨不見其人。聞新羅國使薛。卽是居士之抱孫。雖不見其祖。而喜遇其孫。乃作詩贈之。其詩至今存焉。但不知其子孫名字耳。至 我顯宗在位十三歲、天禧五年辛酉。追贈爲弘儒侯。或云。薛聰嘗入唐學。未知然不。崔承祐以唐昭宗龍紀二年入唐。至景福二年。侍郎楊涉下及第。有四六五卷。自序爲餬本集。後爲甄萱作檄書。移　我太祖。崔彦撝。年十八入唐遊學。禮部侍郎薛廷珪下及第。四十二還國。爲執事侍郎瑞書院學士。及　太祖開國入朝。仕至翰林院大學士平章事。卒謚文英。金大問。本新羅貴門子弟。聖德王三年爲漢山州都督。作傳記若干卷。其高僧傳、花郎世記、樂本、漢山記猶存。朴仁範、元傑、巨仁、金雲卿、金垂訓輩。雖僅有文字傳者。而史失行事。不得立傳。

三國史記卷第四十六

三國史記卷第四十七

輸忠定難靖國贊化同德功臣開府儀同三司檢校太師守太保門下侍中判尚書吏禮部事集賢殿大學士監修國史上柱國致仕臣金富軾奉宣撰

列傳第七

奚論 素那 驟徒 訥催 薛罽頭 金令胤 官昌
金歆運 裂起 丕寧子 竹竹 匹夫 階伯

奚論。牟梁人也。其父讃德有勇志英節。名高一時。建福二十七年庚午。眞平大王選爲椵岑城縣令。明年辛未冬十月。百濟大發兵來。攻椵岑城一百餘日。眞平王命將。以上州下州新州之兵救之。遂往與百濟人戰。不克引還。讃德憤恨之。謂士卒曰。三州軍帥見敵强不進。城危不救。是無義也。與其無義而生。不若有義而死。乃激昂奮勵。且戰且守。以至粮盡水竭。而猶食屍飮尿。力戰不怠。至春正月。人旣疲。城將破。勢不可復完。乃仰天大呼曰。吾王委我以一城。而不能全。爲敵所敗。願死爲大厲。喫盡百濟人。以復此城。遂攘臂瞋目。走觸槐樹而死。於是城陷。軍士皆降。奚論年二十餘歲。以父功爲大奈麻。至建福三十五年戊寅。王命奚論爲金山幢主。與漢山州都督邊品興師。襲椵岑城取之。百濟聞之。擧兵來。奚論等逆之。兵旣相交。奚論謂諸將曰。昔吾父殞身於此。我今亦與百濟人戰於此。是我死日也。遂以短兵赴敵。殺數人而死。王聞之爲流涕。贈賻其家甚厚。時人無不哀悼。爲作長歌弔之。

素那。或云金川。白城郡蛇山人也。其父沈那。或云煌川。膂力過人。身輕且捷。蛇山境與百濟相錯。故互相寇擊無虛月。沈那每出戰。所向無堅陣。仁平中。白城郡出兵。往抄百濟邊邑。百濟出精兵急擊之。我士卒亂退。沈那獨立拔劍。怒目大叱。斬殺數十餘人。賊懼不敢當。遂引兵而走。百濟人指沈那曰。新羅飛將。因相謂曰。沈那尙生。莫近白城。素那雄豪有父風。百濟滅後。漢州都督儒公請大王。遷素那於阿達城。俾禦北鄙。上元二年乙亥春。阿達城太守級飡漢宣敎民。以某日齊出種麻。不得違令。靺鞨諜者認之。歸告其酋長。至其日百姓皆出城在田。靺鞨潛師猝入城。剽掠一城。老幼狼狽。不知所爲。素那奮刃向賊。大呼曰。爾等知新羅有沈那之子素那乎。固不畏死以圖生。欲鬪者曷不來耶。遂憤怒突賊。賊不敢迫。但向射之。素那亦射。飛矢如蜂。自辰至酉。素那身矢如猬。遂倒而死。素那妻加林郡良家女子。初素那以阿達城鄰敵國。獨行留其妻而在家。郡人聞素那死弔之。其妻哭而對曰。吾夫常曰。丈夫固當兵死。豈可臥牀席死家人之手乎。其平昔之言如此。今死如其志也。大王聞之。涕泣沾襟曰。父子勇於國事。可謂世濟忠義矣。贈官迊飡。

驟徒。沙梁人。奈麻聚福之子。史失其姓。兄弟三人。長夫果、仲驟徒、季逼實。驟徒嘗出家。名道玉。居實際寺。太宗大王時。百濟來伐助川城。大王興師出戰。未決。於是道玉語其徒曰。吾聞爲僧者。上則精術業以復性。次則起道用以益他。我形似桑門而已。無一善可取。不如從軍殺身以報國。脫法衣著戎服。改名曰驟徒。意謂馳驟而爲徒也。乃詣兵部。請屬三千幢。遂隨軍赴敵場。及旗鼓相當。持槍劒突陣。力鬪殺賊數人而死。後咸亨二年辛未。文武大王發兵。使踐百濟邊地之禾。遂與百濟人戰於熊津之南。時夫果以幢主戰死。論功第一。文明元年甲申。高句麗殘賊據報德城而叛。神文大王命將討之。以逼實爲貴幢弟監。臨行謂其婦曰。吾二兄既死於王事。名垂不朽。吾雖不肖。何得畏死而苟存乎。今日與爾生離。終是死別也。好住無傷。及對陣。獨出奮擊。斬殺數十人而死。大王聞之。流涕歎曰。驟徒知死所。而激昆弟之心。夫果、逼實亦能勇於義。不顧其身。不其壯歟。皆追贈官沙飡。

訥催。沙梁人。大奈麻都非之子也。眞平王建福四十一年甲申冬十月。百濟大擧來侵。分兵圍攻速含、櫻岑、岐岑、烽岑、旗懸、冗柵等六城。王命上州、下州、貴幢、法幢、誓幢五軍往救之。既到見百濟兵陣堂堂。鋒不可當。盤桓不進。或立議曰。大王以五軍委之諸將。國之存亡在此一役。兵家之言曰。見可而進、知難而退。今强敵在前。不以好謀而直進。萬一有不如意。則悔不可追。將佐皆以爲然。而業已受命出師。不得徒還。先是國家欲築奴珍等六城而未遑。遂於其地築畢而歸。於是百濟侵攻愈急。速含、岐岑、冗柵三城。或滅或降。訥催以三城固守。及聞五軍不救而還。慷慨流涕。謂士卒曰。陽春和氣。草木皆華。至於歲寒。獨松栢後彫。今孤城無援。日益阽危。此誠志士義夫盡節揚名之秋。汝等將若之何。士卒揮淚曰。不敢惜死。唯命是從。及城將隤。軍士死亡無幾人。皆殊死戰。無苟免之心。訥催有一奴。强力善射。或嘗語曰。小人而有異才。鮮不爲害。此奴宜遠之。訥催不聽。至是城陷賊入。奴張弓挾矢。在訥催前。射不虛發。賊懼不能前。有一賊出後。以斧擊訥催。乃仆。奴反與鬪俱死。王聞之悲慟。追贈訥催職級湌。

薛（一本作辥）罽頭。亦新羅衣冠子孫也。嘗與親友四人同會。燕飮。各言其志。罽頭曰。新羅用人論骨品。苟非其族。雖有鴻才傑功。不能踰越。我願西遊中華國。奮不世之略。立非常之功。自致榮路。備簪紳劒佩。出入天子之側足矣。武德四年辛巳。潛隨海舶入唐。會太宗文皇帝親征高句麗。自薦爲左武衛果毅。至遼東。與麗人戰駐驆山下。深入疾鬪而死。功一等。皇帝問是何許人。左右奏新羅人薛罽頭也。皇帝泫然曰。吾人尙畏死。顧望不前。而外國人爲吾死事。何以報其功乎。問從者。聞其平生之願。脫御衣覆之。授職爲大將軍。以禮葬之。

金令胤。沙梁人。級飡盤屈之子。祖欽春（或云欽純）角干。眞平王時爲花郎。仁深信厚。能得衆心。及壯。文武大王陟爲冢宰。事上以忠。臨民以恕。國人翕然稱爲賢相。太宗大王七年庚申。唐高宗命大將軍蘇定方伐百濟。欽春受王命。與將軍庾信等。率精兵五萬以應之。秋七月。至黃山之原。値百濟將軍階伯。戰不利。欽春召子盤屈曰。爲臣莫若忠。爲子莫若孝。見危致命。忠孝兩全。盤屈曰。唯。乃入賊陣。力戰死。令胤生長世家。以名節自許。神文大王時。高句麗殘賊悉伏以報德城叛。王命討之。以令胤爲黃衿誓幢步騎監。將行。謂人曰。吾此行也。不使宗族朋友聞其惡聲。及見悉伏。出椵岑城南七里。結陣以待之。或告曰。今此凶黨。譬如鷰巢幕上。魚戲鼎中。出萬死以爭一日之命耳。語曰。窮寇勿追。宜左次以待疲極而擊之。可不血刃而擒也。諸將然其言。暫退。獨令胤不肯之而欲戰。從者告曰。今諸將豈盡偷生之人、惜死之輩哉。而以向者之言爲然者。將俟其隙而得其便者也。而子獨直前。其不可乎。令胤曰。臨陣無勇。禮經之所譏。有進無退。士卒之常分也。丈夫臨事自決。何必從衆。遂赴敵陣。格鬪而死。王聞之。悽慟流涕曰。無是父無是子。其義烈可嘉者也。追贈爵賞尤厚。

官昌。一云官狀。新羅將軍品日之子。儀表都雅。少而爲花郎。善與人交。年十六。能騎馬彎弓。大監某薦之太宗大王。至唐顯慶五年庚申。王出師。與唐將軍侵百濟。以官昌爲副將。至黃山之野。兩兵相對。父品日謂曰。爾雖幼年有志氣。今日是立功名取富貴之時。其可無勇乎。官昌曰唯。卽上馬橫槍。直擣敵陣。馳殺數人。而彼衆我寡。爲賊所虜。生致百濟元帥階伯前。階伯俾脫冑。愛其少且勇。不忍加害。乃歎曰。新羅多奇士。少年尙如此。況壯士乎。乃許生還。官昌曰。向吾入賊中。不能斬將搴旗。深所恨也。再入必能成功。以手掬井水。飮訖。再突賊陣疾鬪。階伯擒斬首。繫馬鞍送之。品日執其首。袖拭血曰。吾兒面目如生。能死於王事。無所悔矣。三軍見之。慷慨有立志。鼓噪進擊。百濟大敗。大王贈位級湌。以禮葬之。賻其家唐絹三十匹、二十升布三十匹、穀一百石。

金歆運。奈密王八世孫也。父達福迊湌。歆運少遊花郎文努之門。時徒衆言及某戰死、留名至今。歃運慨然流涕。有激勵思齊之貌。同門僧轉密曰。此人若赴敵。必不還也。永徽六年。太宗大王憤百濟與高句麗梗邊。謀伐之。及出師。以歃運爲郎幢大監。於是不宿於家。風梳雨沐。與士卒同甘苦。抵百濟之地。營陽山下。欲進攻助川城。百濟人乘夜疾驅。黎明緣壘而入。我軍驚駭顚沛不能定。賊因亂急擊。飛矢雨集。歃運橫馬握槊待敵。大舍詮知說曰。今賊起暗中。咫尺不相辨。公雖死。人無識者。况公新羅之貴骨。大王之半子。若死賊人手。則百濟所誇詑。而吾人之所深羞者矣。歃運曰。大丈夫旣以身許國。人知之與不知一也。豈敢求名乎。强立不動。從者握轡勸還。歃運拔劒揮之。與賊鬪殺數人而死。於是大監穢破、少監狄得相與戰死。步騎幢主寶用那聞歃運死曰。彼骨、貴而勢榮。人所愛惜。而猶守節以死。况寶用那生而無益。死而無損乎。遂赴敵。殺三數人而死。大王聞之傷慟。贈歃運、穢破位一吉飡。寶用那、狄得位大奈麻。時人聞之。作陽山歌以傷之。

論曰。羅人患無以知人。欲使類聚羣遊。以觀其行義。然後擧用之。遂取美貌男子粧飾之。名花郎。以奉之。徒衆雲集。或相磨以道義。或相悅以歌樂。遊娛山水。無遠不至。因此知其邪正。擇而薦之於朝。故大問曰。賢佐忠臣從此而秀。良將勇卒由是而生者。此也。三代花郎。無慮二百餘人。而芳名美事。具如傳記。若歃運者。亦郎徒也。能致命於王事。可謂不辱其名者也。

裂起。史失族姓。文武王元年。唐皇帝遣蘇定方討高句麗。圍平壤城。含資道摠管劉德欲傳宣國王。從軍資平壤。王命大角干金庾信。輸米四千石、租二萬二千二百五十石。到獐塞。風雪冱寒。人馬多凍死。麗人知兵疲。欲要擊之。距唐營三萬餘步而不能前。欲移書而難其人。時裂起以步騎監輔行。進而言曰。某雖駑蹇。願備行人之數。遂與軍師仇近等十五人。持弓劍走馬。麗人望之。不能遮閼。凡兩日致命於蘇將軍。唐人聞之。喜慰廻書。裂起又兩日廻。庾信嘉其勇。與級飡位。及軍還。庾信告王曰。裂起、仇近天下之勇士也。臣以便宜許位級飡。而未副功勞。願加位沙飡。王曰。沙飡之秩不亦過乎。庾信再拜曰。爵祿公器。所以酬功。何謂過乎。王允之。後庾信之子三光執政。裂起就求郡守。不許。裂起與祇園寺僧順憬曰。我之功大。請郡不得。三光殆以父死而忘我乎。順憬說三光。三光授以三年山郡大守。仇近從元貞公築西原述城。元貞公聞人言。謂怠於事。杖之。仇近曰。僕嘗與裂起入不測之地。不辱大角干之命。大角干不以僕爲無能。待以國士。今以浮言罪之。平生之辱無大此焉。元貞聞之。終身羞悔。

丕寧子。不知鄉邑族姓。眞德王元年丁未。百濟以大兵來攻茂山、甘勿、桐岑等城。庾信率步騎一萬拒之。百濟兵甚銳。苦戰不能克。士氣索而力憊。庾信知丕寧子有力戰深入之志。召謂曰。歲寒然後知松柏之後彫。今日之事急矣。非子誰能奮勵出奇。以激衆心乎。因與之飲酒。以示殷勤。丕寧子再拜云。今於稠人廣衆之中。獨以事屬我。可謂知己矣。固當以死報之。出謂奴合節曰。吾今日上爲國家、下爲知己死之。吾子擧眞雖幼年有壯志。必欲與之俱死。若父子併命。則家人其將疇依。汝其與擧眞好收吾骸骨歸。

以慰母心。言畢。卽鞭馬橫槊突賊陣。格殺數人而死。擧眞望之欲去。合節請曰。大人有言。令合節與阿郞還家。安慰夫人。今子負父命棄母慈。可謂孝乎。執馬轡不放。擧眞曰。見父死而苟存。豈所謂孝子乎。卽以劍擊折合節臂。奔入敵中戰死。合節曰。私天崩矣。不死何爲。亦交鋒而死。軍士見三人之死。感激爭進。所向挫鋒陷陣。大敗賊兵。斬首三千餘級。庾信收三屍。脫衣覆之。哭甚哀。大王聞之涕淚。以禮合葬於反知山。恩賞妻子九族尤渥。

竹竹。大耶州人也。父郝熱爲撰干。善德王時爲舍知。佐大耶城都督金品釋幢下。王十一年壬寅秋八月。百濟將軍允忠領兵來攻其城。先是都督品釋見幕客舍知黔日之妻有色奪之。黔日恨之。至是爲內應。燒其倉庫。故城中兇懼。恐不能固守。品釋之佐阿飡西川（一云沙飡祇之那）登城謂允忠曰。若將軍不殺我。願以城降。允忠曰。若如是。所不與公同好者。有如白日。西川勸品釋及諸將士欲出城。竹竹止之曰。百濟反覆之國。不可信也。而允忠之言甘。必誘我也。若出城。必爲賊之所虜。與其竄伏而求生。不若虎鬪而至死。品釋不聽。開門。士卒先出。百濟發伏兵盡殺之。品釋將出。聞將士死。先殺妻子而自刎。竹竹收殘卒。閉城門自拒。舍知龍石謂竹竹曰。今兵勢如此。必不得全。不若生降以圖後效。答曰。君言當矣。而吾父名我以竹竹者。使我歲寒不凋。可折而不可屈。豈可畏死而生降乎。遂力戰。至城陷。與龍石同死。王聞之哀傷。贈竹竹以級飡。龍石以大奈麻。賞其妻子。遷之王都。

匹夫。沙梁人也。父尊臺阿飡。太宗大王以百濟高句麗靺鞨轉相親比爲脣齒、同謀侵奪。求忠勇材堪綏禦者。以匹夫爲七重城下縣令。其明年庚申秋七月。王與唐師滅百濟。於是高句麗疾我。以冬十月。發兵來圍七重城。匹夫守且戰二十餘日。賊將見我士卒盡誠鬪不內顧。謂不可猝拔。便欲引還。逆臣大奈麻比歃密遣人告賊。以城內食盡力窮。若攻之必降。賊遂復戰。匹夫知之。拔劍斬比歃首。投之城外。乃告軍士曰。忠臣義士。死且不屈。勉哉努力。城之存亡在此一戰。乃奮拳一呼。病者皆起。爭先登。而士氣疲乏。死傷過半。賊乘風縱火。攻城突入。匹夫與上干本宿謀支美齊等向賊對射。飛矢如雨。支體穿破。血流至踵。乃仆而死。大王聞之哭甚痛。追贈級飡。

階伯。百濟人。仕爲達率。唐顯慶五年庚申。高宗以蘇定方爲神丘道大摠管。率師濟海。與新羅伐百濟。階伯爲將軍。簡死士五千人拒之。曰。以一國之人。當唐羅之大兵。國之存亡未可知也。恐吾妻孥沒爲奴婢。與其生辱。不如死快。遂盡殺之。至黃山之野。設三營。遇新羅兵將戰。誓衆曰。昔句踐以五千人破吳七十萬衆。今之日宜各奮勵決勝。以報國恩。遂鏖戰。無不以一當千。羅兵乃却。如是進退至四合。力屈以死。

三國史記卷第四十七

三國史記卷第四十八

輸忠定難靖國贊化同德功臣開府儀同三司檢校太師守太保門下侍中判尚書吏禮部事集賢殿大學士監修國史上柱國致仕臣金富軾奉
宣撰

列傳第八

向德 聖覺 實兮 勿稽子 百結先生 劍君
金生 率居 孝女知恩 薛氏 都彌

向德。熊川州板積鄕人也。父名善。字潘吉。天資溫良。鄕里推其行。母則失其名。向德亦以孝順爲時所稱。天寶十四年乙未。年荒民饑。加之以疫癘。父母飢且病。母又發癰。皆濱於死。向德日夜不解衣。盡誠安慰。而無以爲養。乃刲髀肉以食之。又吮母癰。皆致之平安。鄕司報之州。州報於王。王下敎。賜租三百斛、宅一區、口分田若干。命有司立石紀事以標之。至今人號其地云孝家里。

聖覺。菁州人。史失其氏族。不樂世間名官。自號爲居士。依止一利縣法定寺。後歸家養母。以老病難於蔬食。割股肉以食之。及死。至誠爲佛事資薦。大臣角干敬信、伊飡周元等聞之國王。以熊川州向德故事。賞近縣租三百石。

論曰。宋祁唐書云。善乎韓愈之論也。曰父母疾烹藥餌。以是爲孝。未聞毀支體者也。苟不傷義。則與賢先衆而爲之。是不幸因而且死。則毁傷滅絕之罪有歸矣。安可旌其門以表異之。雖然委巷之陋。非有學術禮義之資。能忘身以及其親。出於誠心。亦足稱者。故列焉。則若向德者。亦可書者乎。

實兮。大舍純德之子也。性剛直。不可屈以非義。眞平王時爲上舍人。時下舍人珍堤。其爲人便佞。爲王所嬖。雖與實兮同寮。臨事互相是非。實兮守正不苟且。珍堤嫉恨。屢讒於王曰。實兮無智慧多膽氣。急於喜怒。雖大王之言。非其意則憤不能已。若不懲艾。其將爲亂。盍黜退之。待其屈服而後用之。非晚也。王然之。謫官泠林。或謂實兮曰。昔自祖考以忠誠公材聞於時。今爲佞臣之讒毁。遠宦於竹嶺之外荒僻之地。不亦痛乎。何不直言自辨。實兮答曰。昔屈原孤直。爲楚擯黜。李斯盡忠。爲秦極刑。故知佞臣惑主。忠士被斥。古亦然也。何足悲乎。遂不言而往。作長歌見意。

勿稽子。奈解尼師今時人也。家世平微。爲人倜儻。少有壯志。時八浦上國同謀伐阿羅國。阿羅使來請救。尼師今使王孫㮈音率近郡及六部軍往救。遂敗八國兵。是役也。勿稽子有大功。以見憎於王孫。故不記其功。或謂勿稽子曰。子之功莫大而不見錄。怨乎。曰。何怨之有。或曰。盍聞之於王。勿稽子曰。矜功求名。志士所不爲也。但當勵志以待後時而已。後三年。骨浦、柒浦、古史浦三國人來攻竭火城。王率兵出救。大敗三國之師。勿稽子斬獲數十餘級。及其論功。又無所得。乃語其婦曰。嘗聞爲臣之道。見危則致命。臨難則忘身。前日浦上竭火之役。可謂危且難矣。而不能以致命忘身聞於人。將何面目以出市朝乎。遂被髮携琴。入師旋山不反。

百結先生。不知何許人。居狼山下。家極貧。衣百結若懸鶉。時人號爲東里百結先生。嘗慕榮啓期之爲人。以琴自隨。凡喜怒悲歡不平之事。皆以琴宣之。歲將暮。鄰里舂粟。其妻聞杵聲曰。人皆有粟舂之。我獨無焉。何以卒歲。先生仰天嘆曰。夫死生有命。富貴在天。其來也不可拒。其往也不可追。汝何傷乎。吾爲汝作杵聲以慰之。乃鼓琴作杵聲。世傳之。名爲碓樂。

劒君。仇文大舍之子。爲沙梁宮舍人。建福四十四年丁亥秋八月。隕霜殺諸穀。明年春夏大飢。民賣子而食。於時宮中諸舍人同謀。盜唱翳倉穀分之。劒君獨不受。諸舍人曰。衆人皆受。君獨却之。何也。若嫌少。請更加之。劒君笑曰。僕編名於近郎之徒。修行於風月之庭。苟非其義。雖千金之利。不動心焉。時大日伊飡之子爲花郎。號近郎。故云爾。劒君出至近郎之門。舍人等密議。不殺此人。必有漏言。遂召之。劒君知其謀殺。辭近郎曰。今日之後。不復相見。郎問之。劒君不言。再三問之。乃略言其由。郎曰。胡不言於有司。劒君曰。畏己死。使衆人入罪。情所不忍也。然則盍逃乎。曰彼曲我直。而反自逃。非丈夫也。遂往。諸舍人置酒謝之。密以藥置食。劒君知而强食。乃死。君子曰。劒君死非其所。可謂輕泰山於鴻毛者也。

金生。父母微。不知其世系。生於景雲二年。自幼能書。平生不攻他藝。年踰八十。猶操筆不休。隸書行草皆入神。至今往往有眞蹟。學者傳寶之。崇寧中。學士洪灌隨進奉使入宋館於汴京。時翰林待詔楊球、李革奉帝勅至館。書圖簇。洪灌以金生行草一卷示之。二人大駭曰。不圖今日得見王右軍手書。洪灌曰。非是、此乃新羅人金生所書也。二人笑曰。天下除右軍。焉有妙筆如此哉。洪灌屢言之。終不信。又有姚克一者。仕至侍中兼寺書學士。筆力遒勁。得歐陽率更法。雖不及生。亦奇品也。

率居。新羅人。所出微。故不記其族系。生而善畫。嘗於皇龍寺壁畫老松。體幹鱗皴。枝葉盤屈。烏鳶燕雀。往往望之飛入。及到蹭蹬而落。歲久色暗。寺僧以丹青補之。烏雀不復至。又慶州芬皇寺觀音菩薩。晉州斷俗寺維摩像。皆其筆蹟。世傳爲神畫。

孝女知恩。韓歧部百姓連權女子也。性至孝。少喪父。獨養其母。年三十二。猶不從人。定省不離左右。而無以爲養。或傭作或行乞。得食以飼之。日久不勝困憊。就富豪請賣身爲婢。得米十餘石。窮日行役於其家。暮則作食歸養之。如是三四日。其母謂女子曰。向食麤而甘。今則食雖好。味不如昔。而肝心若以刀刃刺之者。是何意耶。女子以實告之。母曰。以我故使爾爲婢。不如死之速也。乃放聲大哭。女子亦哭。哀感行路。時孝宗郎出遊見之。歸請父母。輸家粟百石及衣物予之。又償買主以從良。郎徒幾千人各出粟一石爲贈。太王聞之。亦賜租五百石、家一區。復除征役。以粟多恐有剽竊者。命所司差兵番守。標榜其里。曰孝養坊。仍奉表歸美於唐室。孝宗時第三宰相舒發翰仁慶子。少名化達。王謂雖當幼齒。便見老成。卽以其兄憲康王之女妻之。

薛氏女。栗里民家女子也。雖寒門單族。而顏色端正。志行脩整。見者無不歆艶。而不敢犯。眞平王時。其父季老。番當防秋於正谷。女以父衰病不忍遠別。又恨女身不得侍行。徒自愁悶。沙梁部少年嘉實。雖貧且窶。而其養志貞男子也。嘗悅美薛氏。而不敢言。聞薛氏憂父老而從軍。遂請薛氏曰。僕雖一懦夫。而嘗以志氣自許。願以不肖之身。代嚴君之役。薛氏甚喜。入告於父。父引見曰。聞公欲代老人之行。不勝喜懼。思所以報之。若公不以愚陋見棄。願薦幼女子。以奉箕箒。嘉實再拜曰。非敢望也。是所願焉。於是嘉實退而請期。薛氏曰。婚姻人之大倫。不可以倉猝。妾既以心許。有死無易。願君赴防。交代而歸。然後卜日成禮。未晚也。乃取鏡分半。各執一片云。此所以爲信。後日當合之。嘉實有一馬。謂薛氏曰。此天下良馬。後必有用。今我徒行。無人爲養。請留之以爲用耳。遂辭而行。會國有故。不使人交代。淹六年未還。父謂女曰。始以三年爲期。今既踰矣。可歸于他族矣。薛氏曰。向以安親故。强與嘉實約。嘉實信之。故從軍累年。飢寒辛苦。況迫賊境。手不釋兵。如近虎口。恒恐見咥。而棄信食言。豈人情乎。終不敢從父之命。請無復言。其父老且耄。以其女壯而無伉儷。欲强嫁之。潛約婚於里人。既定日引其人。薛氏固拒。密圖遁去而未果。至廐見嘉實所留馬。太息流淚。於是嘉實代來。形骸枯槁。衣裳藍縷。室人不知。謂爲別人。嘉實直前。以破鏡投之。薛氏得之呼泣。父及室人失喜。遂約異日相會。與之偕老。

都彌。百濟人也。雖編戶小民。而頗知義理。其妻美麗。亦有節行。爲時人所稱。蓋婁王聞之。召都彌與語曰。凡婦人之德。雖以貞潔爲先。若在幽昏無人之處。誘之以巧言。則能不動心者鮮矣乎。對曰。人之情不可測也。而若臣之妻者。雖死無貳者也。王欲試之。留都彌以事。使一近臣假王衣服馬從。夜抵其家。使人先報王來。謂其婦曰。我久聞爾好。與都彌博得之。來日入爾爲宮人。自此後爾身吾所有也。遂將亂之。婦曰。國王無妄語。吾敢不順。請大王先入室。吾更衣乃進。退而雜飾一婢子薦之。王後知見欺大怒。誣都彌以罪。矐其兩眸子。使人牽出之。置小船泛之河上。遂引其婦。强欲淫之。婦曰。今良人已失。單獨一身。不能自持。況爲王御。豈敢相違。今以月經。渾身汙穢。請俟他日薰浴而後來。王信而許之。婦便逃至江口。不能渡。呼天慟哭。忽見孤舟隨波而至。乘至泉城島。遇其夫未死。掘草根以喫。遂與同舟。至高句麗蒜山之下。麗人哀之。丐以衣食。遂苟活。終於羈旅。

三國史記卷第四十八

三國史記卷第四十九

輸忠定難靖國贊化同德功臣開府儀同三司檢校太師守太保門下侍中判尚書吏禮部事集賢殿太學士監修國史上柱國致仕臣金富軾奉

宣撰

列傳第九

倉助利 蓋蘇文

倉助利。高句麗人也。烽上王時爲國相。時慕容廆爲邊患。王謂群臣曰。慕容氏兵强。屢犯我疆場。爲之奈何。倉助利對曰。北部大兄高奴子賢且勇。大王若欲禦寇安民。非高奴子無可用者。王以爲新城太守。慕容廆不復來。九年秋八月。王發國內丁男年十五已上。修理宮室。民乏於食。困於役。因之以流亡。倉助利諫曰。天災荐至。年穀不登。黎民失所。壯者流離四方。老幼轉乎溝壑。此誠畏天憂民。恐懼修省之時也。大王曾是不思。驅飢餓之人。困木石之役。甚乖爲民父母之意。而况比隣有强梗之敵。若乘吾弊以來。其如社稷生民何。願大王熟計之。王慍曰。君者百姓之所瞻望也。宮室不壯麗。無以示威重。今相國蓋欲謗寡人以干百姓之譽也。助利曰。君不恤民非仁也。臣不諫君非忠也。臣旣承乏國相。不敢不言。豈敢干譽乎。王笑曰。國相欲爲百姓死耶。冀無後言。助利知王之不悛。遂與羣臣謀廢之。王知不免。自縊。

蓋蘇文。（或云蓋金）姓泉氏。自云生水中。以惑衆。儀表雄偉。意氣豪逸。其父東部（或云西部）大人大對盧死。蓋蘇文當嗣。而國人以性忍暴惡之。不得立。蘇文頓首謝衆。請攝職。如有不可。雖廢無悔。衆哀之。遂許嗣位。而凶殘不道。諸大人與王密議欲誅。事洩。蘇文悉集部兵。若將校閱者。幷盛陳酒饌於城南。召諸大臣共臨視。賓至。盡殺之。凡百餘人。馳入宮弑王。斷爲數段。棄之溝中。立王弟之子臧爲王。自爲莫離支。其官如唐兵部尚書兼中書令職也。於是號令遠近。專制國事。甚有威嚴。身佩五刀。左右莫敢仰視。每上下馬。常令貴人武將伏地而履之。出行必布隊伍。前導者長呼。則人皆奔迸不避坑谷。國人甚苦之。唐太宗聞蓋蘇文弑君而專國。欲伐之。長孫無忌曰。蘇文自知罪大。畏大國之討。設其守備。陛下姑爲之隱忍。彼得以自安。愈肆其惡。然後取之。未晩也。帝從之。蘇文告王曰。聞中國三教並行。而國家道教尚缺。請遣使於唐求之。王遂表請。唐遣道士叔達等八人。兼賜道德經。於是取浮屠寺館之。會新羅入唐。告百濟攻取我四十餘城。復與高句麗連兵。謀絶入朝之路。小國不得已出師。伏乞天兵救援。於是太宗命司農丞相里玄奬。賫璽書勑王曰。新羅委質國家。朝貢不闕。爾與百濟宜各戢兵。若更攻之。明年發兵討爾國矣。初玄奬入境。蘇文已將兵擊新羅。王使召之乃還。玄奬宣勑。蘇文曰。往者隋人侵我。新羅乘釁。奪我城邑五百里。自此怨隙已久。若非還我侵地。兵不能已。玄奬曰。既往之事。焉可追論。今遼東本皆中國郡縣。中國尚不言。句麗豈得必求故地。蘇文不從。玄奬還具言之。太宗曰。蓋蘇文弒其君。賊其大臣。殘虐其民。今又違我詔命。不可以不討。又遣使蔣儼諭旨。蘇文竟不奉詔。乃以兵脅使者。不屈。遂囚之窟室中。於是太宗大擧兵親征之。事具句麗本紀。蘇文至乾封元年死。子男生。字元德。九歲以父任爲先人。遷中裏小兄。猶唐謁者也。又爲中裏大兄。知國政。凡辭令皆男生主之。進中裏位頭大兄。久之爲莫離支。兼三軍大將軍。加大莫離支。出按諸部。而弟男建、男産知國事。或曰。男生惡君等逼己。將除之。建、産未之信。又有謂男生將不納君。男生遣諜往。男建捕得。卽矯王命召之。男生懼不敢入。男建殺其子獻忠。男生走保國內城。率其衆與契丹靺鞨兵附唐。遣子獻誠訴之。高宗拜獻誠右武衛將軍。賜乘輿馬瑞錦寶刀。使還報。詔契苾何力率兵援之。男生乃免。授平壤道行軍大摠管、兼持節安撫大使。擧哥勿、南蘇、倉巖等城以降。帝又命西臺舍人李虔繹就軍慰勞。賜袍帶金釦七事。明年召入朝。遷遼東大都督玄菟郡公。賜第京師。因詔還軍。與李勣攻平壤。入禽王。帝詔遣子卽遼水勞賜還。進右衛大將軍卞國公。年四十六卒。男生純厚有禮。奏對敏辯。善射藝。其初至。伏斧鑕待罪。世以此稱焉。獻誠天授中以右衛大將軍、兼羽林衛。武后嘗出金幣於文武官。內擇善射者五人。中者以賜之。內史張光輔先讓獻誠爲第一。獻誠後讓右王鈐衛大將軍薛吐摩支。摩支又讓獻誠。旣而獻誠奏曰。陛下擇善射者。然多非華人。臣恐唐官以射爲恥。不如罷之。后嘉納。來俊臣嘗求貨。獻誠不答。乃誣其謀叛。縊殺之。后後知其寃。贈右羽林衛大將軍。以禮改葬。

論曰。宋神宗與王介甫論事曰。太宗伐高句麗。何以不克。介甫曰。蓋蘇文非常人也。然則蘇文亦才士也。而不能以直道奉國。殘暴自肆。以至大逆。春秋君弑賊不討。謂之國無人。而蘇文保腰領以死於家。可謂幸而免者。男生、獻誠雖有聞於唐室。而以本國言之。未免爲叛人者矣。

三國史記卷第四十九

三國史記卷第五十

輸忠定難靖國賛化同德功臣開府儀同三司檢校太師守太保門下侍中判尚書吏禮部事集賢殿太學士監修國史上柱國致仕臣金富軾奉

宣撰

列傳第十

弓裔 甄萱

弓裔。新羅人。姓金氏。考第四十七憲安王誼靖。母憲安王嬪御。失其姓名。或云。四十八景文王膺廉之子。以五月五日生於外家。其時屋上有素光。若長虹。上屬天。日官奏曰。此兒以重午日生。生而有齒。且光焰異常。恐將來不利於國家。宜勿養之。王勅中使抵其家殺之。使者取於襁褓中。投之樓下。乳婢竊捧之。誤以手觸。眇其一目。抱而逃竄。劬勞養育。年十餘歲。遊戲不止。其婢告之曰。子之生也。見棄於國。予不忍。竊養以至今日。而子之狂如此。必爲人所知。則予與子俱不免。爲之奈何。弓裔泣曰。若然則吾逝矣。無爲母憂。便去世達寺。今之興教寺是也。祝髮爲僧。自號善宗。及壯不拘檢僧律。軒輊有膽氣。嘗赴齋。行次有烏鳥銜物。落所持鉢中。視之。牙籤書王字。則秘而不言。頗自負。見新羅衰季。政荒民散。王畿外州縣叛附相半。遠近羣盜蜂起蟻聚。善宗謂乘亂聚衆。可以得志。以眞聖王卽位五年大順二年辛亥。投竹州賊魁箕萱。箕萱侮慢不禮。善宗鬱悒不自安。潛結箕萱麾下元會、申煊等爲友。景福元年壬子。投北原賊梁吉。吉善遇之。委任以事。遂分兵使東略地。於是出宿雉岳山石南寺。行襲酒泉、奈城、鬱烏、御珍等縣。皆降之。乾寧元年。入溟州。有衆三千五百人。分爲十四隊。金大黔毛昕長貴平張一等爲舍上。舍上謂部長也。與士卒同甘苦勞逸。至於予奪。公而不私。是以衆心畏愛。推爲將軍。於是擊破猪足、狌川、夫若、金城、鐵圓等城。軍聲甚盛。浿西賊寇來降者衆多。善宗自以爲衆大。可以開國稱君。始設內外官職。 我太祖自松岳郡來投。便授鐵圓郡太守。三年丙辰。攻取僧嶺、臨江兩縣。四年丁巳。仁物縣降。善宗謂松岳郡漢北名郡。山水奇秀。遂定以爲都。擊破孔巖、黔浦、穴口等城。時梁吉猶在北原。取國原等三十餘城有之。聞善宗地廣民衆。大怒。欲以三十餘城勁兵襲之。善宗潛認。先擊大敗之。光化元秊戊午春二月。葺松岳城。以 我太祖爲精騎大監。伐楊州、見州。冬十一月。始作八關會。三秊庚申。又命 太祖伐廣州、忠州、唐城、青州、或云青川 槐壤等。皆平之。以功授 太祖阿飡之職。天復元秊辛酉。善宗自稱王。謂人曰。往者新羅請兵於唐。以破高句麗。故平壤舊都鞠爲茂草。吾必報其讎。蓋怨生時見棄。故有此言。嘗南巡至興州浮石寺。見壁畫新羅王像。發劒擊之。其刃迹猶在。天祐元秊甲子。立國。號爲摩震。秊號爲武泰。始置廣評省。備員匡治奈今侍中、徐事今侍郞、外書今員外郎。又置兵部、大龍部謂倉部、壽春部今禮部、奉賓部今禮賓省、義刑臺部今刑部、納貨府今大府寺、調位府今三司、內奉省今都省、禁書省今秘書省、南廂壇今將作監、水壇部今水元鳳省(今翰林院)飛龍省(今大僕寺)物藏省(今少府監)又置史臺(掌習諸譯語)植貨府(掌栽植菓樹)障繕府(掌修理城隍)珠淘省(掌造成器物)。又設正匡、元輔、大相、元伊、佐尹、正朝、甫尹、軍尹、中尹等品職。秋七月。移青州人戶一千。入鐵圓城爲京。伐取尙州等三十餘州縣。公州將軍弘奇來降。天祐二秊乙丑。入新京。修葺觀闕樓臺。窮奢極侈。改武泰爲聖冊元秊。分定浿西十三鎭。平壤城主將軍黔用降。甑城赤衣黃衣賊明貴等歸服。善宗以强盛自矜。意欲幷呑。令國人呼新羅爲滅都。凡自新羅來者。盡誅殺之。朱梁乾化元年辛未。改聖冊爲水德萬歲元秊。改國號爲泰封。遣　太祖率兵伐錦城等。以錦城爲羅州。論功以　太祖爲大阿飡將軍。善宗自稱彌勒佛。頭戴金幘。身被方袍。以長子爲青光菩薩。季子爲神光菩薩。出則常騎白馬。以綵飾其鬃尾。使童男童女奉幡蓋香花前導。又命比丘二百餘人梵唄隨後。又自述經二十餘卷。其言妖妄。皆不經之事。時或正坐講說。僧釋聰謂曰。皆邪說恠談。不可以訓。善宗聞之怒。鐵椎打殺之。三秊癸酉。以　太祖爲波珍飡侍中。四秊甲戌。改水德萬歲爲政開元秊。以　太祖爲百舡將軍。貞明元秊。夫人康氏。以王多行非法。正色諫之。王惡之曰。汝與他人姧何耶。康氏曰。安有此事。王曰。我以神通觀之。以烈火熱鐵杵。撞其陰殺之。及其兩兒。爾後多疑急怒。諸寮佐將吏。下至平民。無辜受戮者。頻頻有之。斧壤、鐵圓之人。不勝其毒焉。先是有商客王昌瑾。自唐來。寓鐵圓市廛。至貞明四秊戊寅。於市中見一人。狀貌魁偉。鬢髮盡白。著古衣冠。左手持甆椀。右手持古鏡。謂昌瑾曰。能買我鏡乎。昌瑾卽以米換之。其人以米俵街巷乞兒。而後不知去處。昌瑾懸

其鏡於壁上。日映鏡面。有細字書。讀之若古詩。其略曰。上帝降子於辰馬。先操鷄後搏
鴨。於巳年中二龍見。一則藏身青木中。一則顯形黑金東。昌瑾初不知有文。及見之謂
非常。遂告于王。王命有司。與昌瑾物色求其鏡主。不見。惟於㪍颯寺佛堂有鎭星塑像。
如其人焉。王嘆異久之。命文人宋含弘、白卓、許原等解之。含弘等相謂曰。上帝降子於
辰馬者。謂辰韓馬韓也。二龍見、一藏身青木、一顯形黑金者。青木松也。松岳郡人以龍
爲名者之孫。今波珍飡侍中之謂歟。黑金鐵也。今所都鐵圓之謂也。今主上初興於此。
終滅於此之驗也。先操鷄後搏鴨者。波珍飡侍中先得鷄林。後收鴨淥之意也。宋含弘△
等相謂曰。今主上虐亂如此。吾輩若以實言。不獨吾輩爲葅醢。波珍飡亦必遭害。迺飾
辭告之。王凶虐自肆。臣寮震懼。不知所措。夏六月。將軍弘述、白玉、三能山、卜沙貴。此洪
儒、裴玄慶、申崇謙、卜知謙之少名也。四人密謀。夜詣　太祖私第。言曰。今主上淫刑以
逞。殺妻戮子。誅夷臣寮。蒼生塗炭。不自聊生。自古廢昏立明。天下之大義也。請公行湯
武之事。　太祖作色拒之曰。吾以忠純自許。今雖暴亂。不敢有二心。夫以臣替君。斯謂
革命。予實否德。敢效殷周之事乎。諸將曰。時乎不再來。難遭而易失。天與不取。反受其
咎。今政亂國危。民皆疾視其上如仇讎。今之德望未有居公之右者。況王昌瑾所得鏡
文如彼。豈可雌伏取死獨夫之手乎。夫人柳氏聞諸將之議。迺謂　太祖曰。以仁伐不
仁。自古而然。今聞衆議。妾猶發憤。況大丈夫乎。今羣心忽變。天命有歸矣。手提甲領進
太祖。諸將扶衛　太祖出門。令前唱曰　王公已擧義旗。於是前後奔走。來隨者不知

其幾人。又有先至宮城門鼓譟以待者。亦一萬餘人。王聞之不知所圖。乃微服逃入山林。尋爲斧壤民所害。弓裔起自唐大順二年。至朱梁貞明四年。凡二十八年而滅。

甄萱。尙州加恩縣人也。本姓李。後以甄爲氏。父阿慈介。以農自活。後起家爲將軍。初萱生孺褓時。父耕于野。母餉之。以兒置于林下。虎來乳之。鄕黨聞者異焉。及壯體貌雄奇。志氣倜儻不凡。從軍入王京。赴西南海防戍。枕戈待敵。其勇氣恒爲士卒先。以勞爲裨將。唐昭宗景福元年。是新羅眞聖王在位六年。嬖竪在側。竊弄政柄。綱紀紊弛。加之以饑饉。百姓流移。羣盜蜂起。於是萱竊有覦心。嘯聚徒侶。行擊京西南州縣。所至響應。旬月之間。衆至五千人。遂襲武珍州。自王。猶不敢公然稱王。自署爲新羅西面都統指揮兵馬制置持節都督全武公等州軍事行全州刺史兼御史中丞上柱國漢南郡開國公食邑二千戶。是時北原賊良吉雄强。弓裔自投爲麾下。萱聞之遙授良吉職爲裨將。萱西巡至完山州。州民迎勞。萱喜得人心。謂左右曰。吾原三國之始。馬韓先起。後赫世勃興。故辰卞從之而興。於是百濟開國金馬山六百餘年。摠章中。唐高宗以新羅之請。遣將軍蘇定方。以船兵十三萬越海。新羅金庾信卷土歷黃山至泗沘。與唐兵合。攻百濟滅之。今予敢不立都於完山。以雪義慈宿憤乎。遂自稱後百濟王。設官分職。是唐光化三年。新羅孝恭王四年也。遣使朝吳越。吳越王報聘。仍加檢校大保。餘如故。天復元年。萱攻大耶城不下。開平四年。萱怒錦城投于弓裔。以步騎三千圍攻之。經旬不解。乾化二年。萱與弓裔戰于德津浦。貞明四年戊寅。鐵圓京衆心忽變。推戴　我太祖卽位。

萱聞之。秋八月。遣一吉飡閔郤稱賀。遂獻孔雀扇及地理山竹箭。又遣使入吳越進馬。吳越王報聘。加授中大夫。餘如故。六秊。萱率步騎一萬攻陷大耶城。移軍於進禮城。新羅王遣阿飡金律求援於　太祖。太祖出師。萱聞之引退。萱與　我太祖陽和而陰剋。同光二秊秋七月。遣子須彌强。發大耶、聞韶二城卒。攻曹物城。城人爲　太祖固守且戰。須彌强失利而歸。八月。遣使獻驄馬於　太祖。三秊冬十月。萱率三千騎至曹物城。太祖亦以精兵來。與之确。時萱兵銳甚。未決勝否。　太祖欲權和以老其師。移書乞和。以堂弟王信爲質。萱亦以外甥眞虎交質。十二月。攻取居昌等二十餘城。遣使入後唐稱藩。唐策授檢校大尉兼侍中判百濟軍事。依前持節都督全武公等州軍事行全州刺史海東西面都統指揮兵馬制置等事百濟王食邑二千五百戶。四秊。眞虎暴卒。萱聞之疑故殺。卽囚王信獄中。又使人請還前年所送驄馬。　太祖笑還之。天成二秊秋九月。萱攻取近品城燒之。進襲新羅高鬱府。逼新羅郊圻。新羅王求救於　太祖。冬十月。　太祖將出師援助。萱猝入新羅王都。時王與夫人嬪御出遊鮑石亭。置酒娛樂。賊至。狼狽不知所爲。與夫人歸城南離宮。諸侍從臣寮及宮女伶官。皆陷沒於亂兵。萱縱兵大掠。使人捉王。至前戕之。便入居宮中。强引夫人亂之。以王族弟金傅嗣立。然後虜王弟孝廉、宰相英景。又取國帑珍寶兵仗子女百工之巧者。自隨以歸。　太祖以精騎五千。要萱於公山下大戰。　太祖將金樂、崇謙死之。諸軍敗北。　太祖僅以身免。萱乘勝取大木郡。契丹使裟姑麻咄等三十五人來聘。萱差將軍崔堅。伴送麻咄等。航海北

行。遇風至唐登州。悉被戮死。時新羅君臣以衰季。難以復興。謀引我太祖結好爲援
甄萱自有盜國心。恐 太祖先之。是故引兵入王都作惡。故十二月日寄書 太祖曰。
昨者國相金雄廉等將召足下入京。有同鼈應黿聲。是欲鷃披隼翼。必使生靈塗炭。宗
社丘墟。僕是用先著祖鞭。獨揮韓鉞。誓百寮如皦日。諭六部以義風。不意姦臣遁逃。邦
君薨變。遂奉景明王之表弟、獻康王之外孫。勸卽尊位。再造危邦。喪君有君於是乎在。
足下勿詳忠告。徒聽流言。百計窺覦。多方侵擾。尙不能見僕馬首、拔僕牛毛。冬初。都頭
索湘束手於星山陣下。月內。左將金樂曝骸於美理寺前。殺獲居多。追擒不少。强羸若
此。勝敗可知。所期者。掛弓於平壤之樓。飮馬於浿江之水。然以前月七日。吳越國使班
尙書至。傳王詔旨。知卿與高麗久通歡好。共契鄰盟。比因質子之兩亡。遂失和親之舊
好。互侵疆境。不戢干戈。今專發使臣。赴卿本道。又移文高麗。宜各相親比。永孚于休。僕
義篤尊王。情深事大。及聞詔諭。卽欲祗承。恆慮足下欲罷不能。困而猶鬪。今錄詔書寄
呈。請留心詳悉。且㕙獹迭憊。終必貽譏。蚌鷸相持。亦爲所笑。宜迷復之爲戒。無後悔之
自貽。三年正月。 太祖答曰。伏奉吳越國通和使班尙書所傳詔書一道。兼蒙足下辱
示長書叙事者。伏以華軺膚使。爰致制書。尺素好音。兼承敎誨。捧芝檢而雖增感激。闢
華牋而難遣嫌疑。今託廻軒。輒敷危衽。僕仰承天假。俯迫人推。過叨將帥之權。獲赴經
綸之會。頃以三韓厄會。九土凶荒。黔黎多屬於黃巾。田野無非於赤土。庶幾弭風塵之
警。有以救邦國之災。爰自善隣。於焉結好。果見數千里農桑樂業。七八年士卒閑眠。及

至酉年。維時陽月。忽焉生事。至於交兵。足下始輕敵以直前。若螳蜋之拒轍。終知難而勇退。如蚊子之負山。拱手陳辭。指天作誓。今日之後。永世歡和。苟或渝盟。神其殛矣。僕亦尚止戈之武。期不殺之仁。遂解重圍。以休疲卒。不辭質子。但欲安民。此則我有大德於南人也。豈謂歃血未乾。兇威復作。蜂蠆之毒。侵害於生民。狼虎之狂。爲梗於畿甸。金城窘忽。黃屋震驚。仗義尊周。誰似桓文之霸。乘間謀漢。唯看莽卓之奸。致使王之至尊。枉稱子於足下。尊卑失序。上下同憂。以爲非有元輔之忠純。豈得再安於社稷。以僕心無匿惡。志切尊王。將援置於朝廷。使扶危於邦國。足下見毫釐之小利。忘天地之厚恩。斬戮君王。焚燒宮闕。葅醢卿士。虔劉士民。姬姜則取以同車。珍寶則奪之相載。元惡浮於桀紂。不仁甚於獍梟。僕怨極崩天。誠深却日。誓效鷹鸇之逐。以申犬馬之勤。再擧干戈。兩更槐柳。陸擊則雷馳電擊。水攻則虎搏龍騰。動必成功。擧無虛發。逐尹邠於海岸。積甲如山。擒鄒造於城邊。伏尸蔽野。燕山郡畔。斬吉奐於軍前。馬利城邊。戮隨晤於纛下。拔任存之日。邢積等數百人捐軀。破淸川之時。直心等四五輩授首。桐藪望旗而潰散。京山銜璧以投降。康州則自南而來。羅府則自西移屬。侵攻若此。收復寧遙。必期泜水營中。雪張耳千般之恨。烏江岸上。成漢王一捷之功。竟息風波。永淸寰海。天之所助。命。欲何歸。況承吳越王殿下。德洽包荒。仁深字小。特出綸於丹禁。諭戢難於靑丘。旣奉訓謀。敢不尊奉。若足下祗承睿旨。悉戢兇機。不惟副上國之仁恩。抑可紹海東之絶緖。若不過而能改。其如悔不可追。夏五月。萱潛師襲康州。殺三百餘人。將軍有文生降。秋八月。萱命將軍官昕。領衆築陽山。　太祖命命旨城將軍王忠擊之。退保大耶城。冬十一月。萱選勁卒攻拔缶谷城。殺守卒一千餘人。將軍楊志、明式等生降。四年秋七月。萱以甲兵五千人攻義城府。城主將軍洪術戰死。　太祖哭之慟曰。吾失左右手矣。萱大擧兵。次古昌郡瓶山之下。與　太祖戰不克。死者八千餘人。翌日。萱聚殘兵襲破順州城。將軍元逢不能禦。棄城夜遁。萱虜百姓。移入全州。　太祖以元逢前有功宥之。改順州號下枝縣。長興三年。甄萱臣龔直勇而有智略。來降　太祖。萱收龔直二子一女。烙斷股筋。秋九月。萱遣一吉飡相貴。以船兵入高麗禮成江。留三日。取鹽、白、貞三州船一百艘焚之。捉猪山島牧馬三百匹而歸。清泰元年春正月。萱聞　太祖屯運州。遂簡甲士五千至。將軍黔弼及其未陣。以勁騎數千突擊之。斬獲三千餘級。熊津以北三十餘城聞風自降。萱麾下術士宗訓、醫者訓謙、勇將尙達、崔弼等降於　太祖。甄萱多娶妻。有子十餘人。第四子金剛。身長而多智。萱特愛之。意欲傳其位。其兄神劍、良劍、龍劍等知之憂悶。時良劍爲康州都督。龍劍爲武州都督。獨神劍在側。伊飡能奐使人往康、武二州。與良劍等陰謀。至清泰二年春三月。與波珍飡新德、英順等勸神劍。幽萱於金山佛宇。遣人殺金剛。神劍自稱大王。大赦境內。其敎書曰。如意特蒙寵愛。惠帝得以爲君。建成濫處元良。太宗作而卽位。天命不易。神器有歸。恭惟大王神武超倫。英謀冠古。生丁衰季。自任經綸。徇地三韓。復邦百濟。廓清塗炭。而黎元安集。鼓舞風雷。而邇遐駿奔。功業幾於重興。智慮忽其一失。幼子鍾愛。姦臣弄權。導大君於晉惠之昏。陷慈父於獻公之惑。擬以大寶授之頑童。所幸者上帝降衷。君子改過。命我元子。尹茲一邦。顧非震長之才。豈有臨君之智。兢兢慄慄。若蹈冰淵。宜推不次之恩。以示維新之政。可大赦境內。限淸泰二年十月十七日昧爽以前。已發覺、未發覺、已結正、未結正大辟已下罪。咸赦除之。主者施行。萱在金山三朔。六月。與季男能乂、女子衰福、嬖妾姑比等逃奔錦城。遣人請見於　太祖。太祖喜。遣將軍黔弼、萬歲等。由水路勞來之。及至。待以厚禮。以萱十年之長。尊爲尙父。授館以南宮。位在百官之上。賜楊州爲食邑。兼賜金帛蕃縟、奴婢各四十口、內廐馬十匹。甄萱壻將軍英規密語其妻曰。大王勤勞四十餘年。功業垂成。一旦以家人之禍失地。投於高麗。夫貞女不事二夫。忠臣不事二主。若捨己君以事逆子。則何顏以見天下之義士乎。況聞高麗　王公仁厚勤儉。以得民心。殆天啓也。必爲三韓之主。盍致書以安慰我王。兼殷勤於　王公。以圖將來之福乎。其妻曰。子之言是吾意也。於是天福元年二月。遣人致意。遂告　太祖曰。若擧義旗。請爲內應。以迎王師。太祖大喜。厚賜其使者而遣之。兼謝英規曰。若蒙恩一合。無道路之梗。則先致謁於將軍。然後升堂拜夫人。兄事而姊尊。必終有以厚報之。天地鬼神皆聞此言。夏六月。萱告曰。老臣所以投身於殿下者。願仗殿下威稜。以誅逆子耳。伏望大王借以神兵。殲其賊亂。則臣雖死無憾。　太祖從之。先遣太子武、將軍述希。領步騎一萬。趣天安府。秋九月。　太祖率三軍至天安。合兵進次一善。神劒以兵逆之。甲午。隔一利川相對布陣。太祖與尙父萱觀兵。以大相堅權、述希、金山、將軍龍吉、奇彥等。領步騎三萬爲左翼。大相金鐵、洪儒、守鄉、將軍王順、俊良等。領步騎三萬爲右翼。大匡順式、大相兢俊、王謙、王乂、黔弼、將軍貞順、宗熙等。以鐵騎二萬、步卒三千及黑水鐵利諸道勁騎九千五百爲中軍。大將軍公萱、將軍王含允以兵一萬五千爲先鋒。鼓行而進。百濟將軍孝奉、德述、明吉等。望兵勢大而整。棄甲降於陣前。 太祖勞慰之。問百濟將帥所在。孝奉等曰。元帥神劒在中軍。 太祖命將軍公萱直擣中軍。一軍齊進挾擊。百濟軍潰北。神劒與二弟及將軍富達、小達、能奐等四十餘人生降。 太祖受降。除能奐。餘皆慰勞之。許令與妻孥上京。問能奐曰。始與良劒等密謀。囚大王立其子者汝之謀也。爲臣之義當如是乎。能奐俛首不能言。遂命誅之。以神劒僭位爲人所脅。非其本心。又且歸命乞罪。特原其死。(一云三兄弟皆伏誅。) 甄萱憂懣發疽。數日卒於黃山佛舍。 太祖軍令嚴明。士卒不犯秋毫。故州縣案堵。老幼皆呼萬歲。於是存問將士。量材任用。小民各安其所業。謂神劒之罪如前所言。乃賜官位。其二弟與能奐罪同。遂流於眞州。尋殺之。謂英規。前王失國後。其臣子無一人慰藉者。獨卿夫妻千里嗣音。以致誠意。兼歸美於寡人。其義不可忘。仍許職左丞。賜田一千頃。許借驛馬三十五匹。以迎家人。賜其二子以官。甄萱起唐景福元年。至晉天福元年。共四十五年而滅。

論曰。新羅數窮道喪。天無所助。民無所歸。於是羣盜投隙而作。若猬毛然。其劇者弓裔甄萱二人而已。弓裔本新羅王子。而反以宗國爲讎。圖夷滅之。至斬先祖之畫像。其爲不仁甚矣。甄萱起自新羅之民。食新羅之祿。而包藏禍心。幸國之危。侵軼都邑。虔劉君臣。若禽獮而草薙之。實天下之元惡大憝。故弓裔見棄於其臣。甄萱產禍於其子。皆自取之也。又誰咎也。雖項羽、李密之雄才。不能敵漢唐之興。而況裔、萱之凶人。豈可與我太祖相抗歟。但爲之敺民者也。

三國史記卷第五十

進三國史表

參考寶文閣修校文林郎禮賓丞同正臣金永溫

參考西林場判官儒林郎尚衣直長同正臣崔祐甫

參考文林郎國學學諭禮賓丞同正臣李黃中

參考儒林郎前國學學正臣朴東桂

參考儒林郎金吾衛錄事參軍事臣徐安貞

參考文林郎守宮署令兼直史館臣許洪材

參考將仕郎分司司宰注簿臣李溫文

參考文林郎試掌治署令兼寶文閣校勘臣崔山甫

判尚書吏禮部事集賢殿大學士監修國史上柱國致仕臣金富軾

編修輸忠定難靖國贊化同德功臣開府儀同三司檢校大師守大保門下侍中

二

同管句內侍寶文閣校勘將仕郎尚食直長同正 臣 金 忠 孝

管句右丞宣尚書工部侍郎翰林侍講學士知制誥 臣 鄭 龔 明

府使嘉善大夫兼管內勸農防禦使臣金居斗

權知經歷前奉正大夫三司左咨議臣崔得冏

嘉靖大夫慶尙道都觀察陟黜使兼監倉安集轉輸勸農管學事提調刑獄兵馬公事同知中樞院事臣閔開

三

三國史印本之在雞林者。歲久而泯。世以寫本行。按廉使沈公孝生得一本。與前府使陳公義貴圖所以刊行。於癸酉七月。下牒于府。八月始鋟諸梓。未幾二公見代。余以其年冬十月至府。承觀察使閔相公之命。因繼其志。乃助之施令。工不斷手。至甲戌夏四月告成。嗚呼指揮能事。以至於成。惟三公是賴。余何力之有焉。但具事之終始。書于卷末耳。府使嘉善大夫金居斗跋。

吾東方三國本史遺事兩本。他無所刊。而只在本府。歲久刓缺。一行可解僅四五字。余惟士生斯世。歷觀諸史。其於天下治亂興亡與諸異跡。尙欲博識。况居是邦。不知其國事。可乎。因欲改刊。廣求完本。閱數載不得焉。其曾罕行于世。人未易得見。可知若今不改。則將爲失傳。東方往事。後學竟莫聞知。可嘆也已。幸吾斯文星州牧使權公輳聞余之求。々得完本送余。々喜受。具告監司安相國瑭、都事朴候佺。僉曰善。於是分刊列邑。令還藏于本府。噫物久則必有廢。々則必有興。々而廢。々而興。是理之常。知理之常。而有時興。以永其傳。亦有望於後來之惠學者云。

皇明正德壬申季冬。府尹推誠定難功臣嘉善大夫慶州鎭兵馬節制使全平君李繼福謹跋。

生員李山甫

校正生員崔起潼

中訓大夫行慶州府判官慶州鎮兵馬節制都尉李瑠

奉直郎守慶尚道都事朴佺

推誠定難功臣嘉靖大夫慶尚道觀察使兼兵馬水軍節度使安瑭

進三國史表

臣富軾言。古之列國。亦各置史官。以記時事。故孟子曰。晉之乘、楚之檮杌、魯之春秋一也。惟此海東三國。歷年長久。宜其事實、著在方策。乃命老臣俾之編集。自顧缺爾。不知所爲。伏惟聖上陛下。性唐堯之文思。體夏禹之勤儉。宵旰餘閑。博覽前古。以爲今之學士大夫。其於五經諸子之書、秦漢歷代之史。或有淹通詳說之者。至於吾邦之事。却茫然不知其始末。甚可嘆也。況惟新羅氏、高勾麗氏、百濟氏、開基鼎峙。能以禮通於中國。故范曄漢書、宋祁唐書、皆有列傳。而詳內略外。不少具載。又其古記。文字蕪詘。事迹闕亡。是以君后之善惡、臣子之忠邪、邦業之安危、人民之理亂。皆不得發露以垂勸戒。宜得三長之才。克成一家之史、貽之萬世、炳若日星。

如臣者。本非長才。又無奧識。洎至遲暮。日益昏蒙。讀書雖勤。淹卷即忘。操筆無力。臨紙難下。臣之學術。謇淺如此。而前言往行。幽昧如彼。是故疲精竭力。僅得成編。訖無可觀。祇自愧耳。伏望聖上陛下。諒狂簡之裁。赦妄作之罪。雖不足藏之名山。庶無使漫之醬瓿。區區妄意。天日照臨。

跋

凡そ史學の研鑽は史料に俟たざるべからず、史料の大部は史籍之を占むるを普通の狀態とす。朝鮮史學近時漸く勃興の運に向はんとしつゝあるは吾人の頗る喜に堪へざる所なるも飜つて朝鮮史籍の現情を一瞥せんか舊來の板本中重要なるものは殆んど其の影を潜め、偶々坊間に顯はるゝことあるも其の價貴く到底一般研究者を滿足せしむること能はず、加之往年出版せられたる活字本と雖も或は稀少となり、或は絕版となり、之を得ること容易ならざるものあるは何人も認むる所なりとす。本會此に見る所あり、朝鮮史學研究上根本的必要の圖書につき確實據るべきの書を擇び、之を出版して世上に流布せしむるの最も緊切なるを認め先づ三國史記より着手することゝせり。

史記は今より七百八十餘年前高麗金富軾等の撰修する所にして且つ現存最古の朝鮮史籍たり。故に苟も朝鮮史を知らむとするものゝ必ず之を繙讀すべきは言を要せず。然れども古書の刊行は蓋し難事中の難事にして大に一般書籍の出版と其の趣を異にするものあり、萬一擇本校正其の宜を得ざる時は却つて學界を荼毒すること大なるものあるを以て、本會は特に之が底本を撰擇し、且つ其の校正を文學博士今西龍氏に依頼せり。本書は即ち同博士の嚴正なる校正と熱心なる指導とにより之が刊行を成就し得たるものにして、從來幾多の同種圖書と大に其の選を異にするものあるは本會の信じて疑はざる所なり。加之本書の出版が現時朝鮮史籍の缺乏を滿たし之が爲め斯學研究者に便益を與ふることも亦決して尠からざるを信ず。

本會は曩に朝鮮史講座を發行して一般朝鮮史研究者の便を圖りしが、今回更に朝鮮圖書刊行の事業を企て以て朝鮮史學の研鑚に資し、聊か學界に貢獻し本會目的の一部を遂行せんことを期す。

昭和二年十一月

朝鮮史學會

記

三國史記の舊印本の世に遺存するものに二種あり。一は正德壬申に慶州に於て李繼福が李太祖二年甲戌の慶州刊本を重刊せし槧本にして、一は更に後代の活字本なり。前者は現在余の知る限りに於ては、慶州玉山の李氏に完本を藏し、其他朝鮮總督府、京都帝國大學、玉山書院、及び前田公爵家に零本を藏するにすぎず、傳存甚だ少し。活字本は其の遺存するもの前者に比すれば多しと雖これ亦稀にして、加ふるに誤植文字多く、良本といふべからず。明治年間の末に至り、東京帝國大學刊行の活字本あり。これ余が恩師坪井先生の校訂せられしものにして、余もまた先生の門下生の一人として、先生の指揮の下に、支那史籍との對校に從事せしが、一字一句を苟且にせざる先生の校訂の嚴密にして精絕なりしこと論なけれども、當時慶州槧本の世に知られしもの、前田家本のみなりしは、時運の到らざる之を如何ともすべからざるものありし也。此の大學刊本と前後して、朝鮮古書刊行會刊本、光文會刊本等の活字本出でたり。然るに善本たる大學刊本は、大正十二年の震災後絕刊となり、世上に流布するもの尠く、其他の活字本すら、近年漸次購得すること困難となり、朝鮮史の研究上に一大障碍を生ずるに至れり。茲に於て朝鮮史學會は、本書の刊行を企て、之を印刷業者近澤茂平氏に計りしに、近澤氏損益を顧みずして之を引き受けしかば、余は會長小田教授よりの囑によりて、之が校訂を擔當することゝなり、去る四月以來公務の餘を以て之に從事し、八月に入りて完了せり。此間余は或は京都に、或は京城に在りしを以て、慶州槧本の如きも、之に就きて意に適するまでの對校をなすこと能はざりしと雖、事情の許す範圍内に於て、校訂者として出來うる限りの力を盡くしたるものにして、目下需要の急に應ずるの刊本として、之に相當するの價値あるものを成したることを自信す。但し本書には校勘記の一篇を附することを私に豫定せしも、其の精絕と完備とを欲し、更に幾段の調査を期するに至りしを以て、之を現今起稿中の『三國史記研究』と題せる小著に附して、別に他日刊行の機會を俟つことゝなせり。讀者の之を諒せられんことを望む。

昭和二年十一月

京城に於て

今西龍

三版の後に記す

本書の初版は、故今西先生が、朝鮮史學會の囑に應じて、力を盡して校訂に當られ、以て出版をみたものであるが、果してそれは、學界・讀書界に多大の歡迎を受け、忽ち再版といふ有様であつた。爾來十餘年を經過した今日、その再版本が品切れとなつたのみならず、その紙型そのものも、用にたへぬもの多きを加へるに至つたことは、やむを得ぬ次第である。

朝鮮史學會は、今では既に有名無實となつてゐるが、その朝鮮史學會と或る意味に於て同體一身といふべき近澤書店は、今なほ絕えぬ內外の、本書に對する需要に應ずるため、先般第三版の出版を企て、その校正を私に依囑された。私はこの校正の業の容易ならざるものあるを覺え、特に初版が今西先生の校訂に成つたものであるに於て、俄かにその依囑に應ずるを躊躇せねばならなかつた。然しまた、私が三國史記について、今西先生の懇篤なる御示敎を受けること多年であつた次第を回顧すれば、この校正に當ることは半ば私の名譽であり、半ば私の責務であるとも考へられるので、遂に私はその校正に當ることとした。

さて本書の初版について、今西先生は、慶州栞本を意に適するまで對校し得なかつたことを最も遺憾とされたが、其後間もなく、慶州栞本そのものが、先生によつて古典刊行會から影印復製されたこと周知の通りである。故に今もしこの第三版の校正に於て、私の力を致す餘地ありとすれば、それは何よりも慶州栞本との充分なる對校といふ點に在らねばならぬ。私は本書を以て、朝鮮史學會本三國史記として、先生の御名とともに永く學界に傳へんがため、務めて初版本の體を失はぬことを本旨としたけれども、初版本の偶然の誤植を正すことと、慶州栞本による訂正とは、初版本と三版本とを、可なり異なるものにしてしまつた。これはすべて私の責任に歸せらるべきこと勿論であるが、しかもその點に於て、亡き先生の御意に相反するもののなきやを畏れ謹しむものである。私はここに先生在天の靈に深謝すると共に、讀者諸賢の御了察を懇願してやまない。

昭和十五年三月六日

末松保和